2007 年 12 月、国王陛下 80 歳誕生日の祝典のパレードで行進する白い象。（本文 152 頁）

2006 年 2 月、メーラ難民キャンプの学校を訪問するタクシン首相。（本文 33 頁）

←大使公邸を来訪されたシリントン王女殿下（中央）と著者及び夫人。（本文 148 頁）

2006 年 9 月のクーデター後初の休日に市民と写真を撮る兵士。（本文 71 頁）

クーデターとタイ政治

―日本大使の１０３５日―

小林　秀明

まえがき

バンコックの四月は、ことさら暑い。毎年四月一三日から三日間の「ソンクラーン」は、元来タイの旧正月を祝う行事だったが、いつの間にか人々がお互いに無礼講で水をかけ合う「水かけ祭り」に変わったのも、この時期の暑さゆえだろう。二〇〇六年のソンクラーンが終わってから数日経った日の午後、私は、バンコックの日本大使館の近くにあるタイ愛国党の本部で、ノーネクタイで白いワイシャツ姿のタクシン首相と対面していた。正確に言うと、彼は休職中の首相だ。四月初めの総選挙でタクシン氏率いるタイ愛国党は圧勝したものの、嵐のような反タクシンの動きの中で、当分の間、首相の職から退くことを余儀なくされていた。

タクシン氏が私を招いた目的である用件が片付いた後、私は、周囲に誰もいないことを確かめた上で、思いきって切り出した。「タクシン首相。失礼ながら、またとない機会ですので、率直に質問させて下さい。あなたが現在のような状況に陥ったのは、喩えて言えば、あなたが『バンコック・エスタブリッシュメント』という虎のシッポを踏んでしまったためと私は考えているのですが、どうでしょうか。」

タクシン氏は、意外な質問に多少驚いた様子だったが、少し考えた後、「いや、私が今のような目にあっている直接の原因は、数人の若手の枢密顧問官たち（国王陛下の顧問団のメンバー）が、私について悪い情報を流しているためだ。彼らは、最高権威の方のご意向ではないのに、あたかもそうであるかの様な言い方で、私に不利なことを言って廻っている。彼らは、私を嫌っているのです。」と答えた。私が「なぜ彼らはあなたを嫌っているのでしょう。」と尋ねると、タクシン氏は、とても答えづらそうな様子をしながら「それは、…私の人気が高すぎるからだ。」と小さい声で答えた。私は、タクシン氏の率直な回答に感謝した後に、タイ愛国党本部を後にした。私の頭の中では「私の人気が高すぎるから」という言葉がぐるぐる廻っていた。

私は、二〇〇五年一一月から二〇〇八年九月まで二年十ヶ月、正確には一〇三五日の間、駐タイ王国大使として勤務した。そのさほど長くない期間に、私は、タイでは十五年ぶりのクーデターのほか、総選挙、憲法改正、そして新内閣成立をそれぞれ二回経験することになった。まさにタイ政治の箱庭を見た思いである。

このようなタイ内政の動揺は、我々日本人にとって他人事ではない。タイには、日本人商工会議所に加盟している企業だけを数えても一二〇〇社以上の日系企業が進出している。日本からタイへの民間投資は、タイ側の統計で、累計二兆バーツ（約六兆円）以上にのぼっている。また在留邦人の数も、大使館に在留届けを出した人だけでも四万人を超えている。実際の数はその倍くらいではないかとも言われている。バンコック日本人学校は、小中学校合わせて児童生徒数二五〇〇人に達し、世界最大規模の日本人学校である。更に毎年一二〇万人前後の日本人が観光やビジネスのためにタイを訪れている。これらの日本人や日本企業は、タイの内政の動揺によって直接あるいは間接に大きな影響を受けている。タイの内政の動向は、日本の国益に直接的な影響を及ぼすと言って過言ではないだろう。

タイ大使として勤務している間、私の念頭にあったのは、タイの政治は今後どうなってゆくのか、そして、このようにタイ政治が動揺する中で、日本の国益を確保するためには、日本とタイの関係をどのようなものにしてゆくべきかということであった。どちらの問題を考える上でも、一人の人物が「台風の目」のような存在として浮かび上がってくる。それは、言うまでもなくタクシン・シナワット氏である。首相の座にあった間ばかりでなく、クーデターで首相の座を追われ、海外在住を余儀なくされて以降も、タイで起こった重要な出来事の原因をたどって行くと、多くの場合タクシン氏に行き当たる。その意味で、二〇〇五年末に反タクシン運動が本格化してから今日に至るタイの変転極まりない政治状況は、「タクシン旋風」と称して差し支えないように思われる。

二〇〇八年九月初めに私がタイから帰国した後も、残念ながらタイ内政の動揺は収まっていない。それどころか、一一月にはバンコックの国際空港が反タクシン派デモ隊によって占拠されて閉鎖され、また二〇〇九年の四月には親タクシン派グループがパタヤ市のＡＳＥＡＮ（東南アジア諸国連合Association of South-East Asian Nations）関連首脳会議の場になだれ込んで、会議を中止に追い込むという混乱が続いている。現在は、民主党のアピシット首相が率いる政府が国内の安定化のため懸命な努力を行っているが、見通しは必ずしも明らかではない。

こうした状況の下で、初めに述べたような私のタイでの体験や観察が、タイに係わりを持つ人々にとって、タイ内政を理解し、将来を予測する上で多少なりとも参考になるのではないかと考えた。私は、タイでの勤務中は日記などをつけていなかったので、タイでの経験等は、基本的に自分の記憶に頼って記述した。事実関係で記憶が十分でない部分については、関係する公開資料を求め、これによって補った。こうして本書の内容は出来るだけ正確を期したつもりであるが、もし誤りがあれば読者の方々からご指摘頂きたい。なお、本書に記した内容のうち、意見に関する部分は、全て筆者個人の見解であって、公式な日本政府の立場ではないことを申し添える。

本書が刊行されるまでには、財団法人日タイ協会の末松謙一氏会長はじめ関係各位に多くの面で多大なご尽力を頂いた。特に同協会吉田千之輔理事長のご熱意とご支援がなければ、本書は日の目を見なかったと信じる。また、ゆまに書房には出版を引き受けて頂き、また内容について貴重な助言を頂いた。これらご助力頂いた皆様に対する私の深い感謝の気持ちを記したい。

最後に本書を、私の四十年間の外交官生活の間、常に同伴して支えてくれた妻、淑子に捧げたい。

平成二十一年十二月末　東京にて　　著　者

目次

目次

1. タクシン氏との出会い

タイは政治バブル？

二〇〇五年の秋のある日、外務省幹部からタイの大使にという内示を受けた時、私は、これは困ったなと思った。東南アジアを知らないと言うわけではない。それどころか、私が外交分野で専門とする地域があるとすれば、東南アジアだろう。インドネシアは、私の最初の海外勤務地であり、フィリピンは、一九八六年の反マルコス革命の際に本省の担当課長として対応に当たり、マレーシアは、一九八〇年代半ばの日本・マレーシアの航空交渉で汗をかき、またベトナムは、未だ南北統一前の一九七四年に当時のサイゴン（現在のホーチミン市）で病院を建築する無償援助を担当したため、それぞれ私なりに「土地勘」を持っていた。しかし、タイは、これまでASEAN関係の会議や、航空便の乗り継ぎなどで何度も訪れたことはあっても、タイそのものを仕事の対象にしたことは殆どなかった。言わばタイは私の東南アジア経験の中の盲点であった。

それまでの私のタイについての知識は、一般常識の範囲を出ておらず、日本の皇室とタイの王室の結びつきが強いこと、タイに多数の日系企業が進出していること、タイの言葉や文字が難しいこと、それにタクシンというやり手の首相がいて、派手な動きをしていることぐらいのものだった。なおタクシン首相については、二〇〇一年の首相就任直後、私が外務省儀典長の時に、公式に日本に招待する可能性が検討されたが、当時は同首相の就任時の資産公開問題の裁判が進行している段階だったので、時期尚早という判断となったことが思い出された。

二〇〇五年一一月、私がタイ赴任直前に、外務省のタイの専門家から説明を受けたところによれば、当時タクシン首相は強大な力を握っていた。二〇〇一年一月の総選挙の後、タクシン氏の率いる「タイ愛国党」が単独で国会の過半数の議席を占めて、同氏が首相に就任した。多数の中小政党が合従連衡と対立抗争を繰り返してきたタイの政党政治の歴史において、一つの政党が国会の過半数を占めたのは初めてのことであった。二〇〇五年二月の総選挙で、タイ愛国党は、国会の全五〇〇議席の内、三七四議席を獲得するという大勝利を収めた。この結果、タクシン首相の力は圧倒的なものになっていた。タイ内外の多くの人々が、タイではタクシン首相の下で安定した政治が長く維持されるだろうと予想していた。

もっとも、タクシン首相については、前述の通り二〇〇一年の首相就任時から資産隠しの疑惑など、不正の噂があった。またタクシン首相が就任以来、特に力を入れてきたタイ国内の麻薬取締りにおいては、多数の原因不明の死亡者が発見されたことなどから、同首相の強引なやり方を批判する声も一部から上がってきていた。

一連のブリーフを受けた上で、私は、外務省内のある会議で次のように発言した。「現在のタイの内政は、タクシン首相の率いる与党が強大で、確かに安定しているようだ。しかし、タクシン首相の力は少し強くなりすぎているのではないか。タイでは一九九七年に経済バブルが崩壊したように、タクシン首相が作った政治バブルが今後崩壊することもあり得るのではないだろうか。」

振り返ってみると、私の素人なりの「山勘」は、外れていなかった。私がタイに勤務した二〇〇五年一一月から二〇〇八年九月までの間を通じて、私はタイの政治バブルの崩壊とその余震を身をもって体験することになった。

首相の名前を間違える

私が二〇〇五年一一月一一日にタイに着任して数日後に、日タイ両国の経済分野の官民合同会合があり、私も出席して挨拶をすることになった。その場には、タクシン首相もやってきた。誰かが私をタクシン首相に紹介した。タクシン首相は「ああ、あなたには始めて会いますね。」と気さくな感じで私に話しかけてきた。

一同が着席した後、私が最初にスピーチをすることになった。着任当初のこともあって、大使館員が用意してくれたスピーチのテキストをそのまま読むことにしたが、演説冒頭の主要出席者への呼びかけがテキストには書かれていなかった。呼びかけぐらいは、前のスピーカーのまねをしてやれば良いということであろう。しかし、その時私は、最初のスピーカーであり、出席者の内で誰が偉いのかも良くわからなかった。少なくとも最初に首相に呼びかければ、間違いはないだろうと思い、タクシン首相の姓名のローマ綴りの通り「タクシン・シナワトラ首相閣下」と英語で呼びかけた。

その時は気がつかなかったのだが、私の次の講演者の冒頭の呼びかけを聞いて、私は冷や汗をかいてしまった。タクシン首相の姓は、「シナワット」と発音するのである。タイ語をローマ字で表記する場合、もとのタイ文字をそのままローマ字に置き換えるので、読まない字や、普通のローマ字の発音とは違って発音する文字が沢山あるのだ。任国の首相の目の前で、首相の姓を間違って発音する大使も少ないであろう。タイ語は本当に恐ろしい。

タイ版「一村一品運動」

その数日後に、再度タクシン首相と会う機会があった。それは、バンコック郊外のインパクトと呼ばれる大規模な見本市会場で行われた「オートップ」振興運動の年次総会である。オートップ（OTOP）とは、日本の「一村一品運動」の英語訳とタイ語のごちゃ混ぜの訳語で、ワン・タンボン・ワン・プロダクトの頭文字をとったものである。タンボンは村を意味するタイ語である。オートップ運動は、タクシン氏が首相就任以来、熱心に推進してきた事業である。これまで中央政府から置き去りにされてきたと言われるタイの地方の農民の所得水準向上のために、日本の一村一品運動に学んで、各村落で少なくとも一品以上の特産品を育てようという運動である。日本の場合、この運動は、一九七九年に大分県知事であった平松守彦氏の提唱で始まり、多く県で実施されているが、日本全国で行われているわけではないようだ。しかしタイの場合には、タクシン首相の強力な指導のおかげで、全国津々浦々の村落で行われるようになっている。

その日の会合では、タクシン首相がオートップについて、熱弁をふるった。タイ語の演説なので、詳しい内容は判らなかったが、時々「日本」とか、「大分県」とか「ヒラマツ」とか言う言葉が聞き取れたので、オートップが日本で始まったものであることを紹介しているようだった。タクシン首相は、日本大使が出席していることを意識して、ことさら日本との関係を強調したのではないかと思われた。いずれにしても、タクシン首相が全く原稿もなく一時間近くの演説をする弁舌の才に感心するとともに、同首相のオートップとそれを通じたタイの農民の生活向上への熱意が印象的であった。

なお、その後私がタイに滞在中にバンコックや地方の町や村で、オートップの産品に出会ったが、伝統的な技術と材料を使った精巧な製品も多く、オートップの下でタイのものづくりの伝統が現在に生かされていることが感じられた。

また、二〇〇八年初めにタイ南部のナコン・シ・タマラート市の近くの村で、ある家族経営の工場を訪問した。そこではオートップ産品として、熱帯の果実であるマンゴスティンの皮の絞り汁が入った石鹸を作っていた。この紫色の石鹸は、美容上の効果が高いため、日本を初めとする先進国で良く売れているとのことであった。この家のご主人は、自分の事業が伸びてきたのはオートップのおかげだと言い、傍にいた三歳ほどの息子を指して、「この子の名前はオートップです。」と紹介してくれた。

このように、タイのオートップは、タクシン氏の熱心な指導のおかげで、日本の一村一品運動にひけを取らないぐらい活発な活動となっており、近隣諸国やアフリカ諸国からも見学の人々が訪れているほどになっている。

タクシン首相の意欲的イニシアチブ

オートップは、タクシン首相の意欲的な農村の貧困対策の一例にすぎない。その他にもタクシン首相は、農民に対する四年間の債務支払い猶予、農民、農村、或いは中小企業に対する低利融資などの政策を実施していた。更に同首相は、国民全般の生活支援策として、国際石油価上昇により高騰したガソリン価格抑制のための補助金支出、低所得者の電力料金負担の軽減等の施策を打ち出した。更に首都圏鉄道、国際空港を初めとする国内インフラ整備のため、一・八兆バーツ（約五兆円）規模の「メガ・プロジェクト」構想を打ち上げ、またEGAT（タイ電力公社）を初めとする公営企業の民営化に取り組んだ。こうしたタクシン首相の積極的経済政策を、レーガン米国大統領の「レーガノミックス」に倣って、「タクシノミックス」と呼ぶ人もいた。

タイ経済は、二〇〇一年のタクシン首相就任の時点で、ようやく一九九七年の金融危機以前の水準に回復したところであったが、上述のような積極的な経済政策をとるタクシン政権下で、目覚しい発展を遂げた。例えばタイの国内総生産（ＧＤＰ）は、タクシン氏の首相在任中に四・九兆バーツから七・一兆バーツに増大した。このため、前政権時代にタイが国際通貨基金（ＩＭＦ International Monetary Fund）から借り入れた資金を二年間繰り上げて返済することができた。農村の貧困問題についてみれば、タイの最貧地帯である東北地方の農民の収入は、タクシン首相在任期間中に四〇％増大した。また国全体の貧困人口の割合が同じ期間に二一・三％から一一・三％に減少した。

「タクシノミックス」に批判的な人は、この期間のタイ経済の発展は、主として世界経済の好景気に支えられてタイからの輸出が伸びた結果であって、タクシン首相の施策による効果は大きくないと主張する。しかし同じ期間におけるタイの国内総生産の成長率が他のＡＳＥＡＮ主要国の成長率を一％から一・五％上回っていたことから、「タクシノミックス」にある程度の積極的効果があったことは否定できないと思われる。またこれまでタイの中央政府から置き去りにされてきたと言われるタイの農村の人々が、タクシン首相の施策により、初めて中央政府による施策の恩恵を受けたと実感したことも事実と思われる。

経済分野以外でも、タクシン首相は次々に革新的な政策を打ち出した。医療面では、医療保険に入っていない人が一回の通院で三〇バーツ払えば如何なる病気でも診療してもらえる、いわゆる「三〇バーツ医療制度」を導入した。また、地方制度の面では、従来、タイの各県では、中央省庁の出先機関が親元省庁からの指示の下に行政を行っており、県知事は、殆ど実権がない名目的な存在に過ぎなかったが、タクシン首相は、「CEO知事」制度を導入して、県知事が予算策定や地方債の起債を含めた大きな権限を持つようにし、中央省庁の出先機関は、県知事の指揮の下で行政を行うこととなった。また、教育面でも、従来教育省が全国一律で行ってきた小中学校の運営を村落行政機構（TAO）に移管し、また教育内容についての地方分権化にも取り組んだ。更に一つの地方が少なくとも一つの高レベルの学校を持つという「一地方・一ドリームスクール」制度を作り、また、大学生や職業訓練学校生のための奨学金制度を設立した。

更にタクシン首相は、タイを長年にわたって悩ませている麻薬問題とタイ南部のイスラム過激派問題に、強引とも言える手段で取り組んだ。これらの問題については、本書の後で詳しく述べたい。また、タクシン政権は、タイ社会に蔓延する不法な賭博を排除するためとして、いわゆる「三桁及び四桁の数字の賭け」制度を導入した。

一つの政権が多数の分野でこのように斬新な政策を打ち出した例は、タイの歴史上、空前のことと言え、また世界的に見ても稀有のことと思われる。タクシン氏という一人の政治家がほぼ独力でこのような政策的イニシアチブを矢継ぎ早に打ち出したことは、まさに驚嘆に値する。そしてそれぞれの政策は、現在のタイ社会の必要に対応する面があり、またある程度の効果（各政策により程度の差はあっても）を発揮したことも否定できない。

但し、後で述べるように、多くの施策について、タクシン氏一族の経済的利得をも目指したものではないかとの疑惑が当初から指摘されていた。更にこれらの政策の多くが継続的な実施のための十分な制度的、財政的、或いは人的な基盤を十分に持たないものであった。私がタイに着任したのは、タクシン政権が成立して約四年経った頃であったが、その頃には、タクシン首相が進めてきた政策の欠陥が徐々に現れて来ていた。

2. 反タクシン運動の始まり

ソンティ氏による反タクシン運動

私の着任当時、タクシン首相は、依然として意気盛んであり、精力的に活動していたが、同首相に対する批判の声も上がり始めていた。その最初がソンティ・リントンクン氏によるタクシン批判の運動である。ソンティ氏の父親は、中国の潮州からタイに移住してきた元国民党員であった。ソンティ氏は、経済誌「プージャッカーン」（「マネジャー」の意味）を創刊し、タイでトップの経済誌に育てあげるとともに、発行元のマネジャー・メディア・グループ（ＭＧＲ）をタイ株式市場に上場し、更に同グループの事業として衛星通信、携帯電話サービスなどを展開していた。しかし、一九九七年のアジア金融危機の結果、それらの事業は破綻してしまった。ソンティ氏自身も巨額の負債を負い、自己破産に至った。しかし、その後各事業の多くは息を吹き返しており、ソンティ氏は、現在でもＭＧＲの事実上の社主とみなされている。

ソンティ氏とタクシン氏は、共通の人脈を持っていることなどから、一九九〇年代の初めから緊密な協力関係にあったが、二〇〇四年以降、関連企業の人事上の問題などでソンティ氏がタクシン氏に強い不満を持つようになった。ソンティ氏は、自分の主宰する人気テレビ番組で、激しいタクシン氏批判をするようになり、その番組が取りやめになると、二〇〇五年九月から、バンコックの中心部にあるルンピニ公園でタクシン首相批判の集会を毎週一回開催するようになっていた。私がバンコックに着任した二〇〇五年末の頃には、ソンティ氏のタクシン批判集会に、毎回一万人以上が集まるようになっていた。

タクシン一族の持ち株売却

こうした中で、タクシン首相は、二〇〇六年の一月に自分の家族名義で所有していた持ち株会社「シン・コープ社」の株式（同社の全株式の約四九％）をシンガポールの国策投資会社「テマセク社」の代理会社である二社に売却した。シン・コープ社は、タイで携帯電話事業の六〇％以上のシェアを持つ「エイ・アイ・エス」社や、衛星通信会社等を支配していた。この売却によってタクシン氏一族は、約七三〇億バーツ（一バーツは三円程度）という巨額の資金を得た。この取引はバンコック証券取引所で行われたため、この取引から得られたキャピタル・ゲインに対しては課税されなかった。これは、従来から同証券取引所育成のために、個人が同取引所での取引から得たキャピタル・ゲインは非課税とされてきたためである。

なお、タイでは二〇〇一年制定の電気通信事業法により、外国人は電気通信分野の企業の株式の二五%までしか所有できないことになっていた。しかし、上記のタクシン首相のシン・コープ社株売却の直前に、二〇〇一年の法律に代わるものとして、タイ電気通信法が発効し、外国人の持ち株比率の上限は四九%となった。

タクシン氏がこの時期にシン・コープ社の全株式を売却した理由は何であったろうか。これは、主として経済的な判断に基づくものと思われる。タイは、かねてから世界貿易機関（WTO　World Trade Organization）で、二〇〇六年までに電気通信分野を完全に自由化することを約束していた。それまでは、タイの携帯電話事業は、シン・コープ社の支配するエイ・アイ・エス社が六〇%前後の大きなシェアを持っており、第二位のDTAC社と合わせると、両社のシェアが八〇%にも昇るという寡占市場であった。しかし、電気通信分野の自由化後は、従来のような「寡占のうまみ」は失われる可能性が高かった。従って、二〇〇六年の初めの時点でシン・コープ社の株を売却するのは、経済的に見る限り合理的であったといえよう。

しかし、この取引は、バンコックの市民の間で高まりつつあった反タクシン感情を爆発させた。多くの人は、タクシン氏が巨額の収入を得ながら、殆ど税金を払っていないことを非難した。またタクシン氏がこのような巨額の収入を得ておきながら、寺院や慈善団体に一バーツの寄付もしていないことについても、強い非難の声が上がった。タイでは、大きな臨時収入を得た人は、何らかの寄付をすることが当然とされているのである。

更に、携帯電話事業というタイの情報インフラの中核を支配する企業を、テマセク社という外国の、しかも外国政府系のファンドに売却してしまったことについて、経済面及び「情報安全保障」の面で大いに問題ありとの批判も行われた。また、タクシン氏は、外国人の持ち株比率に関する法規定を自分の都合の良いように変えたとして非難された。

この時のバンコックの人達の「タクシン嫌い」の気持ちは、ヒステリー的といってもいいすぎでないほどであった。例えば日本大使館に勤めているタイ人の女性秘書の多くも、「タクシンは大嫌い。」と顔をしかめていた。

なぜこんな大失策を？

今にして思えば、タクシン氏が「シン・コープ」社株を売却したことが、タクシン氏の運命の大きな転換点となった。それまでのタクシン氏のオートップ運動への取り組み方などを見ても、同氏の選挙民の心をつかむ技の巧みさは卓越したものがあった。しかし、シン・コープの売却においては、タクシン氏によるそのような配慮は微塵も見られなかった。これはなぜであろうか。

第一に考えられるのは、タクシン氏の自信過剰であろう。タクシン首相の与党タイ愛国党は、下院の三分の二以上を抑え、磐石の体制にあった。行政府をチェックすべき汚職防止委員会、選挙管理委員会等のいわゆる独立委員会にも、人事権を有するタイの上院にタクシン首相が影響力を行使して、自分の息のかかった人物を多く送り込み、邪魔をされる恐れが殆どないようになっていたと言われている。恐れることは何もない、とタクシン氏が考えていたとしても不思議ではない。

第二に、タクシン氏の周囲に同氏に対して率直な助言をする人がいなくなってしまったこともあげられる。この点は後で詳しく述べたい。

第三に、タクシン氏の合理的なものの考え方がある。タクシン氏が売却したシン・コープ社の株は、同氏が首相になる前から保有していたものである。それを売却して現金にしても、資産の形態が株から現金に変わっただけに過ぎない。また、税金がかからないのは、同氏が首相になってからできた制度ではなく、はるか昔から行われている制度である。従って、どうして税金とか寄付を払う必要があるのかと、タクシン氏は考えたのであろう。タクシン氏は、警察官僚からスタートし、実業界で大成功を収めた後、最近になってタイの政界に入った人である。タイ流の政治のマナーに慣れていなかったのかもしれない。

この頃に私は、タクシン氏が作り上げた政党である「タイ愛国党」の副党首（名前は失念したが老練な政治家）と懇談する機会があった。その副党首は、「自分自身も資産家であり、最近かなり大量の株を売却し、大金を手にしたが、それなりに税金を払い、更にお寺に然るべき額の寄付をした。タクシン氏が株の売却で大きな利益を得ながら、税金も払わず、寄付もしなかったことは、自分のボスながら、政治家としては非常にまずい。」と述べていた。

更にタクシン首相は、自分の支持基盤はタイの農村地域だから、バンコックでの評判はあまり気にする必要はないと思っていたことも考えられる。そして、仮にバンコックで自分に対する批判が強まっても、地方の農民は問題を理解しないだろうし、たとえ理解しても、農民達が損をする問題ではないので、自分を批判することはなかろうと踏んでいたのではなかろうか。

いずれにしても、タクシン氏一族がシン・コープ株を売却したことが、それまで上昇を続けてきたタクシン氏の運命が暗転するきっかけとなったことは疑いがない。

「メガ・プロジェクト」の怪

バンコックにおける反タクシン熱の高まりにもかかわらず、タクシン氏自身は、依然として意気盛んであり、自ら称していた「CEO首相」らしく、華々しく政治的リーダーシップを取ろうとしていた。その具体例が「メガ・プロジェクト」である。これはタクシン氏が二〇〇五年の総選挙の段階から打ち出してきたアイディアで、大量交通機関、運輸、住宅、水資源などの一〇分野にわたる大規模な経済開発計画である。事業の総額は、一兆八〇〇〇億バーツ（五兆円強）とされていた。但し、この金額は、個々の事業の所要経費を合計したものではなく、「最初から総額ありき」といった数字のようであった。

二〇〇六年の初め頃から、タクシン氏は、機会あるごとにメガ・プロジェクトの推進を強調するようになった。そして、二〇〇六年一月末には第一回のメガ・プロジェクト展示会をバンコックで開催することになった。これは、主としてバンコックに駐在する各国の大使館や民間企業関係者に対して、メガ・プロジェクトの何たるかを説明することを目的としたパネル展示会のようなものであった。

私も、その展示会の開会式に招かれて出席した。そこでは、タクシン首相がメガ・プロジェクトの基本的な考え方について演説した。その演説を聴いて、メガ・プロジェクトが何であるか却って判らなくなったのは、私だけではなかったと思う。タクシン氏は、メガ・プロジェクトの対象分野として、前に述べた一〇の分野を挙げた上で、「各分野の事業の具体的内容、設計、実施業者等は、全て入札によって決定する。その入札の審査は、完全に透明な形で行われる。各事業の資金手当ても、入札によって決める。」と宣言した。

例えば、大量交通機関について言えば、それまでにバンコック都とその周辺において一〇路線の鉄道建設計画があった。その内の二路線については、日本政府も協力して、かなり詳細な計画が作られていた。だがその他の八路線の多くについては、初期的な構想だけで、殆ど準備が進んでいなかった。しかしタクシン氏のメガ・プロジェクト構想の下では、全ての一〇路線の計画が同じに取り扱われて、入札の対象になるというわけである。日本側関係者にしてみれば、これまでタイ側と協力して二つの都市鉄道路線の建設のため営々として調査、設計を行ってきたのに、メガ・プロジェクト構想が出てきたことによって、これまでの努力が水の泡になってしまう恐れが出てきたわけである。

更に、教育分野のメガ・プロジェクトとされる「Eラーニング」、行政分野の「Eガバメント」に至っては、全く内容は決まっておらず、「Eラーニング」とか「Eガバメント」という名前があるだけである。その内容は何かと聞かれて、タクシン氏の答えは「それも入札で決める。」であった。名前だけの案件に入札する業者などいるのであろうか。

我々展示会の出席者は、すっかり混乱してしまった。タイ政府は、いったい何をやろうとしているのだろうか。タイ政府の各省庁の大臣や局長に聞いてみたが、答えは「全てタクシン首相が考えていることなので、自分達は判らない。」ということであった。大臣や局長は、自らタクシン首相に聞いてみるつもりはない様であった。タクシン首相だけが舞上がっていて、他の人はついていっていないことは明らかであった。

私は、その説明会の場でタクシン首相に話す機会があったが、さすがに「何のことだか判らない。」と言うわけにはいかなかったので、「都市鉄道事業のファイナンスについても入札で決めるということでしょうが、日本の国際協力銀行（ＪＢＩＣ　Japan Bank for International Cooperation）の融資の可能性もあるのですか。」と質問してみた。この質問をしたのは、タクシン氏が首相就任以来、「タイは、もはや被援助国ではなく、援助国となったので、ＯＤＡ（政府開発援助　Official Development Assistance）の融資は要らない。」との立場を表明してきたからである。私の質問に対しタクシン氏は

「もちろんその可能性はあります。」と答えた。本当だとすれば、タクシン氏が従来のODAに対する立場を変えたことを意味するので、重要な発言である。しかし、要するに「何でもあり」の一環なのだから、それほど重視すべき発言ではないかも知れないとも思った。

メガ・プロジェクトの説明会は、その約二ヶ月後に、今度は日本や欧米など投資国の本国の代表者を対象にして開催された。私は出席しなかったが、出席した人から聞いたところでは、タクシン氏の説明の内容は、第一回目と殆ど変わらなかったということである。本国からわざわざ出かけて来た人達には気の毒なことだった。この後も、タクシン氏が一人でぶち上げて、周りの人は反対もしないが、ついても行かない（または、ついて行けない）という事態が何度か見受けられるようになった。

タクシン氏に連れられミャンマー難民キャンプへ

二〇〇六年二月初めのある日突然、タイの外務省から「明日、タクシン首相がメーラ・キャンプにミャンマー難民の視察に行くので、希望する大使は同行されたい。」という連絡があった。メーラ・キャンプというのは、ミャンマーとの国境近くのタイ領内にあるミャンマーからの難民の収容所である。余りにも唐突な話ではあったが、ミャンマー難民の実情を見ることができる良い機会と思い、私も参加することにした。

また、当時バンコックではタクシン氏に対する批判の声が一層高まっていた。タクシン氏が急にメーラ・キャンプに行くようになったのは、同氏がバンコックに居づらくなったからのように思えた。従って、タクシン氏がこの批判の渦の中で、どんな顔をしているかにも私の関心があった。

当日の朝、ドン・ムアン空港に行ってみると、用意されていたのは、タイ空軍の輸送機であった。タクシン首相や一〇人ほどの同僚の大使とともに、かなり騒音の激しい飛行機に揺られて約一時間、タイ西部のメー・ソット市の空港に着いた。そこから車をつらねて約三〇分走り、ミャンマー国境に近いメーラ・キャンプに着いた。

ミャンマー国境に近いタイ領には、ミャンマーからの難民のキャンプが九ヶ所あり、合計約一四万人のミャンマーからの難民が収容されている。メーラ・キャンプは、その内の最大のキャンプで、約四万人の難民が収容されている。難民の大部分は、カレン族など、ミャンマーの少数民族で、ミャンマー国内で続く内戦の結果、タイ領内に避難することを余儀なくされた人達である。

先ほどから、ミャンマーからの「難民」と言う言葉を使っているが、実はタイ政府は、これらの人々を「難民」とは認定していない。「難民」と認定すれば「国連難民条約」により、難民に対して原則として一般外国人に与えているのと同じ権利を与えなければならないためである。このようなタイ政府の立場は、人道的見地からは問題とする見方もある。しかし、タイのように周りを「難民送り出し国」に囲まれている国からすれば、仮に外国からの不法入国者にその様な待遇を認めれば、際限なく「難民」が入ってきてしまうので、「難民」と認めるのはとても無理だということであろう。

メーラ難民キャンプ。農地がなく蔓性の冬瓜を育てている。

いずれにしても、これらの「難民」キャンプにいる人々は、キャンプ外で働くことはおろか、キャンプから出ることもできない。キャンプ内で恒久的な建物を建てることも原則として禁止されている。従って、キャンプ内の住宅は、細い柱と木の葉ぶきの屋根でできた粗末な小屋である。それぞれの小屋は、せいぜい二〜三年しかもたないだろう。キャンプ内では、農業をする土地もないし、仕事をする場もない。私が見たところでは、栽培されている唯一の植物は、「とうがん」のように見える蔓性の植物で、蔓が家の屋根の上に這っていた。これなら土地がなくても何とか育てられるわけである。

キャンプ内の人々は、国連機関や国際的NGO（非政府組織　Non-Governmental Organization）が供給する食料や衣類によって辛うじて生存を維持している。キャンプの中央にある比較的大きな建物の中の二部屋ほどがクリニックとして使われており、国際的NGOが派遣している看護師が数名活動していた。しかし医療施設も医薬品も極めて貧弱であった。教育も、国連やNGOが運営している粗末な学校があり、そこで細々と行われているだけである。そして、このような状態は過去二〇年近く続いているのである。

タクシン氏を案内した若い女性は、きちんとした英語を話していた。タクシン氏がその女性に年齢を尋ねると、現在一九歳でこのキャンプで生まれたと答えた。タクシン氏は、「ここで生まれた子供がこんなに大きくなっているのか。」と驚きの声を上げていた。彼女は、生まれてこの方、この周囲数キロメートルのキャンプから出たことがないのである。

一行がキャンプ内をひととおり視察し終わった後、キャンプの中央にある建物（といっても屋根だけであるが）の中で、随行外交団に対する説明会が行われた。タクシン氏の簡単な挨拶の後、タイ側の実務担当者がキャンプの概要について説明した。その後タクシン氏が質問を受けることになった。ある欧州の大使が、「タイ政府はこれらの人々を難民として認めていないようだが、どうしたら難民と認められるようになるのか。」と質問したのに対し、タクシン氏は「これらの人達は難民と同じ権利を持っているので、彼らが難民と呼ばれるかどうかは重要なことではない。」と答えた。また別の大使がこのような多数の難民が長い間、仕事もできないという状況にあるのは、非常に気の毒である、何とかならないかと質問した。これに対して、タクシン氏は、「それを解決するのは簡単である。ここに住んでいる人達を、キャンプ周辺の道路などの建設に使えば良いのだ。」と答えた。

こうしたタクシン氏の答えを聞いて、一部の外交団のメンバーは、或いはタイ政府の難民に対する政策に大きな変化が生じるのではないかとの期待を持った。しかし、その後の経過を見ると、タイ政府の難民に対する政策は全く変わっていない。タクシン氏は、あの説明会に先立って、どの程度事務方から説明を受けていたのであろうか。

国王陛下への信任状奉呈

話は少し変わるが、大使というものは、各国の元首により諸外国に派遣される人とされている。従って、大使が外国に赴任する時には、自国の元首から相手国元首宛の「この人を大使として貴国に派遣するので、よろしく受け入れていただきたい」という趣旨の手紙を持ってゆく。これが信任状である。ひと昔前までは、この信任状を相手の国の元首に受け取ってもらうまでは、大使としての仕事は出来ないのが慣例だった。日本も以前はこのような考え方に基づいて、新任の外国大使は、天皇陛下への信任状奉呈が済むまでは、外務省との接触を除いては、公的な仕事は出来ないことになっていた。しかし最近はかなり柔軟になって、新任大使は外務省に信任状の写しを提出すれば、宮中との接触以外は、大使としての活動が出来るようになった。タイの場合には、従来から柔軟なやり方をとっており、新しい大使が着任したことがタイの外務省から王室府に通報されれば、その時点から新任大使はフルに仕事が出来ることになっている。そのため私は、二〇〇五年一一月に着任したすぐ後から、信任状は奉呈していなかったが、大使としての仕事をすることができたわけである。

プーミポン国王陛下に対する私の信任状の奉呈式は、私の着任後ほぼ五ヶ月経った二〇〇六年三月九日に行われた。場所は、当時国王陛下が通常滞在しておられたホア・ヒン市のクライ・カンウォン離宮である。バンコックからは陸路約二五〇キロメートルの地点にある。この日には、私を含め五人の大使が信任状を奉呈することになった。王宮府差し回しの五台の大使用の車と、その前後にパトカーと白バイが付く長い車列で、バンコックを出発した。ホア・ヒンまでの道路は、かなり広く良く整備されているが、とにかく車列のスピードが速い。一般の車が四時間位で行くところを二時間半ほどで走りぬけた。お陰で私も同乗した妻も危うく車酔いするところだった。

ホア・ヒンについてからホテルで一休みした後、私は他の四人の大使とともに、ホテルのすぐ近くの離宮に到着した。離宮は、海岸に面した瀟洒な建物である。その横の建物で待機したが、その一部にジャズバンド用の楽器が置いてあった。時折国王陛下が演奏されるとのことである。国王陛下は、サクソフォンを演奏される。

離宮に移った後、先ず、奉呈式のリハーサルが行われた。部屋は、日本式に言えば三〇畳程度の広さの応接室のような場所であった。リハーサルと言ってもそれほど複雑な作法は必要なく、名前を呼ばれたら一礼して出て行って、国王陛下の前で再度一礼した後、信任状をお渡しする、その後数分間

国王陛下のサクソフォン。陛下と音楽についての展示会で。

の会話の後に一礼して引き下がるといった程度のものであった。日本での信任状奉呈式は、宮殿「正殿松の間」という最高の格式の場で行われることもあって、奉呈する新任大使の中には、アガッてしまう人も少なくないということだが、タイでの奉呈式はそれほど緊張するものではない。

私の番になって、作法通り国王陛下に信任状を奉呈した後、私より日本の天皇皇后両陛下からのお言葉をお伝えし、また両陛下がお健やかであられることなどもお伝えした。更に私から、タイという日本にとって極めて重要な国に大使として着任することが出来たことをこの上ない光栄と考えており、伝統的な両国の友好関係を更に発展させるために全力を尽くすつもりであることなどを申し上げた。

国王陛下のお言葉を詳細に記述することは差し

控えるが、私が宮内庁で仕事をしたことをご存知で、少し微笑みながら「宮中での仕事は難しくなかったか。」と質問された。これに対して私は、とっさにどう答えてよいか戸惑ったが、思い切って正直に「宮中の仕事がそれほど難しいと思ったことはございませんが、余り皇室のお役に立てなかったのを残念に思っております。」とお答えした。この答えに対しても国王陛下は、ほのかに微笑まれたように思われた。会話の時間は全体で一〇分くらいだった。事前に国王陛下のお声は小さいと聞かされており、確かに聞き取りにくかったが、何とか理解することが出来た。因みに、小声で話されるのは、どの国のロイヤルファミリーも同じだろうと思う。

なお、外国大使からプーミポン国王陛下への信任状奉呈は、私達五人の大使の後は、長く中断されることになった。と言うのは、国王陛下は、この後、御即位六〇周年記念行事のためバンコックにお移りになり、その後腰の手術を受けられて、一時ご公務からお離れになり、それやこれやで二〇〇七年の初めまで信任状奉呈式は行われなかった。そして再開された後は、皇太子殿下が国王陛下のご名代として信任状をお受けになるようになったためである。

3. タイの麻薬問題

「ドイトゥン」開発プロジェクト

タクシン首相にお供してのメーラ難民キャンプ訪問後、約一月半経った三月中旬に、私は再度タイの国境地帯を訪問することになった。今度の行き先は、タイ・ミャンマー・ラオス三国の国境に跨る地域、いわゆる「ゴールデン・トライアングル」である。この地域は、第二次大戦以降、世界最大の麻薬の生産地として悪名高い場所であった。

ゴールデン・トライアングルのタイ領部分での麻薬生産は、これまでのタイ王室を中心としたタイの人々の努力の結果、ほぼ根絶されたと言われている。そこで行なわれてきた麻薬対策の柱は、現地の住民に、麻薬の原料であるケシの栽培に代わる生活手段を与えることであった。こうした活動の中心となってきたのが「メー・ファー・ルアン」財団である。この財団は、プーミポン国王陛下の母君である故シーナカリン王母殿下が創設されたもので、同財団がこの地域で実施している麻薬生産撲滅と地域住民の生活向上のための諸事業は、「ドイトゥン」開発プロジェクトと呼ばれている。因みに「ドイトゥン」は、この地域にある山の名前で、その山麓でこのプロジェクトが実施されている。なお、この事業には、日本のある大手商社がタイ側のプロジェクト推進会社へ出資と融資を行っており、同事業の大きな支えとなっている。

私達夫婦は、飛行機でタイ北部のチェンライ市に着き、そこから車に三〇分ほど乗ってドイトゥンプロジェクト地域に入った。この辺りは、タイのスイスと呼ばれる高原地帯である。私達を迎えてくれたのは、プロジェクト・マネジャーのディスナダ・ディスクン氏であった。彼は、故シーナカリン王母殿下の筆頭秘書官をしていた人物であり、また彼自身王族の一員である。大変エネルギッシュな人物で、このプロジェクト推進の大黒柱であり、プロジェクトを隅から隅まで把握しているようだった。

最初に私達は、小高い岡の上からプロジェクト地域の全体を眺めた。三〜四メートル位の高さの木がまばらに植えられており､それぞれの木の下に灌木が生えている。高いほうの木はマカデミア・ナッツで、その下の潅木はコーヒーだそうだ。以前はこの辺りは林を焼き払ってケシを栽培していたために、土地が荒れ果てていたが、現在は見事に果樹園としてよみがえっている。その場で製品となったマカデミア・ナッツを食べさせてもらったが、特に「わさび味」のナッツは絶品だった。

続いて、その地域にある幾つかの作業所を見学した。最初は、桑の木の皮から紙を作る作業所。この紙の作り方は、和紙を作る技術と似ていた。ギフトを入れる箱とか紙バックに適した厚くて丈夫な紙を作っていた。次は織物の製作所。昔ながらの手動のはたおり機で布を作っていたが、模様のデザインは現在のマーケットの好みに合わせようとしていた。更に陶器の製作所。ここで珍しかったのは、果物の女王といわれるマンゴスティンの皮を蒸し焼きにして作った灰を混ぜた灰色の陶器であった。

オーキッド（蘭）の苗の製造所まであった。これはなかなかのハイテク産業で、虫眼鏡を使ってジョニーウォーカーの空き瓶の中で小さなオーキッドの苗を育てていた。因みに、ジョニーウォーカーの瓶以外ではうまく行かないのだそうだ。いずれの作業所も、ドイトゥンの製品を、「お情け」で買ってもらうのではなく、市場の競争に勝って買ってもらおうと、涙ぐましい努力をしている様子だった。

こうした多くのドイトゥン・プロジェクト関係者の努力もあって、このプロジェクトは、麻薬生産に代わる生活手段の提供（英語ではopium replacement）により麻薬生産を撲滅した稀有の成功例として世界的に知られるようになっている。このプロジェクトの指導者であるディスナダ・ディスクン氏は、このプロジェクトのノウハウを世界の麻薬問題に苦しむ地域にも広げようと精力的に活動している。既に二〇〇二年からミャンマー東北部で同氏の指導の下に「ドイトゥンII」プロジェクトが開始されている。また同氏は同じ年にアフガニスタンにも招待されて、このプロジェクトを紹介し、二〇〇五年に同国で「ドイトゥンIII」プロジェクトが始まった。また二〇〇六年には、長年の紛争と二〇〇四年の大津波で甚大な被害を受けたインドネシアのアチェで「ドイトゥンIV」プロジェクトが

メー・ファー・ルアン公園。タイの人は温帯の花に惹かれるようだ。

開始されている。

麻薬問題の影

作業所から次の目的地に行く途中で、幾つかの少数民族の集落の横を通った。ドイトゥン地区内には合計二八の少数民族の集落があるとのことだ。私が驚いたのは、その中に中国から来た国民党の集落があることだった。この人達の先祖は、中国で共産党勢力に追われて一旦台湾に逃げ込み、その後ここに移り住んだのだそうだ。当時の彼らの主たる収入源は麻薬だった。勿論、現在彼らは全く麻薬に関与していない。彼らがどうして生活を立てているのか尋ねてみると、多くの人がバンコックなどタイ南部に出稼ぎに出ているとのことだった。どんな仕事をしているのかと質問したところ、女性では歌手をやっている人が多いとのことだった。

そんな話を聞いている内に「メー・ファー・ルアン」公園に着いた。山の斜面に造られた広々とした公園には、数々の美しい草花が植えられていた。熱帯のオーキッドなどもあったが、多くはルピナスなどの温帯の花だった。これは、シーナカリン王母殿下が長く住んでいたスイスの花園に似たものを作ろうとした結果だそうだ。私などから見ると、熱帯の花が美しいと思うが、熱帯にいる人は、温帯の花に憧れるようだ。続いて、王母殿下のお住まいであったロイヤル・ヴィラを見学した後、宿舎である財団のゲスト・ハウスに着いた。

夕食に先立って、ゲスト・ハウスの近くにある消防署に行ってみた。そこには、日本から寄贈された中古の消防車二台があった。消防車を寄贈したのは日本の地方公共団体であるが、日本大使館は「草の根無償援助」としてその日本からの輸送費を負担した。次の朝、朝食の席で、ディスナダ・ディスクン氏が「昨晩、消防自動車が出動しました。」と言った。私が「どこかの建物が焼けたのですか。」と聞くと「そうではなく、山火事があったのです。ミャンマー側に本拠のある麻薬グループが、覚せい剤を輸送しようとする時に、警備当局の注意をそらすために山に放火するのです。」という返事であった。

阿片博物館

朝食の後、私達は、ドイトゥンの山を下りて、チェンライ市の方向に向かい、途中にある「阿片博物館」（Hall of Opium）を見学した。これは、シーナカリン王母殿下の提唱により、できるだけ多くの人々に麻薬の恐ろしさを知ってもらうために造られた施設である。この建設には日本のＯＤＡの資金も使われた。この博物館は、小さな岡の中をくりぬいて造った施設で、一つの岡の一方に入り口が、そして反対側に出口ができている。博物館では、ケシの栽培や阿片の製造方法、麻薬の生産と貿易の歴史、麻薬患者の実情など、麻薬の様々な側面が最先端の展示技術も使いながら展示されている。見学者は、興味を持って見てゆくうちに、麻薬の恐ろしさを実感するように工夫されている。私の印象に特に強く残ったのは、麻薬を「楽しむ」ためのパイプなどの道具であった。これらは、バンコックに二〇世紀初頭まであった中国人租界（その頃、同市全体の人口の約半数は中国人だった）で使われていたものである。中国人租界の中では阿片の吸飲が合法的に行われていたのである。

このように、私達の一泊二日のチェンライ地方の旅は、麻薬に関連する様々なことを学び、また考える機会を与えてくれた。なお、二日目の朝、私達がディスナダ・ディスクン氏にお礼を言いながらドイトゥンのゲスト・ハウスを去ろうとした時に、同氏は「数日後に、このゲスト・ハウスにタクシン首相が泊まる予定になっています。」と教えてくれた。このことはタクシン氏が依然として麻薬撲滅に強い関心を持っていることを示すのであろう。他方、同氏は反タクシン運動が盛り上がっているバンコックには居づらかったのかも知れない。

タクシン氏と麻薬問題

タクシン氏は、二〇〇一年の首相就任直後から麻薬問題に強い関心を持っていた。その頃には、ドイトゥン・プロジェクトの成功もあって、タイでの麻薬の生産は大幅に減少していたが、ミャンマーで生産されたメタンフェタミン（中枢神経系興奮剤、別名スピード）がタイに運び込まれ、タイの全土に広がって、大きな社会問題になっていた。例えば一九九〇年代後半には、タイにおける第一審の刑事裁判の約三〇％が麻薬犯罪関連だった。また一九九九年の調査ではタイの労働者の六～一〇％がアルコール又は麻薬の中毒患者と認定されていたとのことである。またタイの農村における麻薬使用者の拡大は、農民の負債が増大したり、子供の教育ができなくなる等の経済社会問題を深刻化させていた。

首相就任当初、タクシン氏は、麻薬対策としてミャンマーとの国境封鎖、反麻薬教育、スポーツ奨励等の施策をとっていたが、これらは目に見える成果を生まなかった。このためタクシン首相は、二〇〇三年一月に「三ケ月以内にタイから麻薬を完全に追放する」という「麻薬戦争宣言」を行った。具体的には麻薬常習者に対する処罰強化、麻薬犯罪容疑者のブラックリスト作成、検挙者数目標の設定、そして目標達成者の褒賞及び不達成者の処罰等の施策を次々に実施に移した。国際的人権団体である「ヒューマン・ライト・ウォッチ」によれば、この宣言が行われてから三ヶ月の間に二二七五人が殺されたとのことである。タイ政府は、そのうち警察官によって殺された者は五〇人に過ぎないと説明したが、上記の人権団体は殆どのケースが「超法規的な殺害」であったと主張している。

人権の見地から見て、この政策が批判を免れないことは事実としても、この麻薬戦争が大きな効果をあげたことは否定できないだろう。この結果、多くの麻薬マフィアグループが地下にもぐることになった。また農村や都市のスラムにおける麻薬問題も大幅に改善された。このことが農民や都市のスラム居住者のタクシン氏に対する根強い支持の源泉の一つとなっていると思われる。

なお、後日、タクシン氏がクーデターで追われた直後に、バンコック都内のクロントイ地区にあるスラム街で社会奉仕活動を行っている日本のＮＧＯ関係者から聞いたところによると、クーデターが発生した次の夜から、それまで中断されていた路上での麻薬の取引が再開されたとのことであった。

4. タクシン氏の首相休職

抜き打ち国会解散

そうこうしているうちに、バンコックでのタクシン首相に対する批判の動きは一層激しさを増し、反タクシン・デモへの参加者も増え続けた。英字新聞を初めとするタイのマスコミのタクシン首相批判の論調も大きな高まりを見せていた。三月末のある新聞は、タクシン首相があるバンコックの大衆レストランに入ろうとしたところ、その女主人が「タクシン出て行け！」と叫んだため、タクシン首相はそのレストランに入るのを諦めたという話を、その女主人が英雄でもあるかのように報道した。

こうした中で、タクシン首相がとった道は、抜き打ちの下院解散と総選挙であった。前の下院選挙は、二〇〇五年二月に行われたばかりなので、誰もそんなに早く総選挙が行われることは予想していなかった。しかし考えてみると、これはタクシン氏にとっては、ごく自然の選択であろう。なるほどバンコックではタクシン氏の人気は地に落ちている。しかし、タクシン氏の地盤であるタイの北部や東北部でのタクシン氏への支持には、大きな変化は生じていないはずである。だとすれば、この時点で総選挙に打って出て、タイ全土では首相としてのタクシン氏への支持が衰えていないことを示せば、バンコック市民も納得せざるを得ないだろう。タクシン氏は、そう考えたに違いない。

この突然の下院解散は、最大野党である民主党にとって、まさに寝耳に水の出来事だった。その頃民主党は、タイの内政の混乱を収拾するために、国王陛下にタクシン氏に代わる首相を選任していただきたいとの希望を表明していた。そして民主党には、選挙のための用意が全くなかった。特に選挙資金が殆どゼロであった。そこで民主党も窮余の一策に出た。総選挙のボイコットである。もちろん、「お金がないから選挙はボイコットします。」とは言えないので、「今度の解散は、タクシン氏が国会での追及を逃れるために行ったもので、不当だ。」などと言っていたが、苦しい説明であった。

民主党によるボイコットの結果、この選挙では、多くの選挙区で与党「タイ愛国党」の候補者しか立候補しない状態となった。ところで、ここで憲法上のある規定が大きな意味を持ってきた。それは、候補者が一人しかいない選挙区では、その選挙区の有権者数（有効投票数ではない）の二〇％以上の支持がなければ、当選とは認められないという規定である。これは、極端に小さな割合の支持票で候補者が当選することを防ぐ目的の規定であろう。しかし、そうであれば候補者が二人の場合でも、三人の場合でも、当選に必要な最低得票率の規定があってもよさそうなものである。候補者が一人の場合にのみこのような規定が設けられた理由は、よく判らない。

いずれにしても、その様な憲法上の規定があるため、民主党は、立候補者がタイ愛国党の候補者一名のみの選挙区で、有権者に投票ボイコットを勧めるキャンペーンを行った。この戦術は、伝統的に民主党への支持の強いタイ南部でかなりの効果を発揮した。タイ愛国党もさるもので、同党の候補者一人しかいない選挙区では、他の政党から傀儡候補を立てるように努力をしたが、これがうまくいかない選挙区も多かった。

選挙に圧勝したのに涙の記者会見

一人候補者選挙区にまつわるドタバタを経て、総選挙は四月二日に実施された。結果は、タイ愛国党の候補者四六二名が当選し、全下院五〇〇議席の九割以上を占めて、同党の圧勝となった。しかし候補者が一人だけの三八選挙区で、その候補者の得票率が二〇%に達せず、当選者が出なかった。従ってそれらの選挙区においては、約一月後に再選挙が行われることになった。

こうして総選挙後に全議席は埋まらなかったが、タクシン氏は新内閣を組織することにし、四月四日に、新閣僚名簿を持って、バンコックの南約二五〇キロメートルにあるリゾート地であるホア・ヒンに行き、そこの離宮に滞在されているプーミポン国王陛下に拝謁を賜った。国王陛下とタクシン氏との間でどんな会話が交わされたかは判らない。しかし、何か重大なことが話されたに間違いない。と言うのは、その拝謁の直後の記者会見で、タクシン首相は、涙ながらに「自分は、総選挙後最初の国会の会合で首班指名を受けない。自分は当面、タイの政治から身を退く。」との意向を明らかにしたからである。

これは唐突な出来事であった。バンコックで厳しい批判に晒されていたとは言え、国会で強大な支持勢力を誇っていたタクシン氏が、突然政界から身を引くことを表明したのである。タクシン氏は、余りに国内の批判が強いため政権を投げ出した、と私を含め多くの人々が解釈した。タクシン氏は、チチャイ副首相を首相代行に任じて、政府を離れた。

本書の前書きで紹介したタイ愛国党本部でのタクシン氏と私の面会は、この二週間ほど後に行われたものである。

国王陛下の発言

四月末には、もう一つびっくりすることが起こった。それは、プーミポン国王陛下が四月二日の総選挙について、発言されたのである。国王陛下は、行政裁判所と最高裁判所の新しい裁判官の任命式の場で、「三〇日の予告で選挙を行うのは正当なことだろうか。」「私の見解では、候補者が一人の選挙は、正常なものではなく、また民主的でもない。」「選挙が民主的なものでないならば、あなた達（新たに任命された裁判官）が問題を解決するよう努めるべきである。そうしないならば辞職すべきだ。」と述べられたのである。なお、国王陛下は「自分に首相を選任して欲しいと言う者もいるが、これは憲法に反することである。」とも発言された。しかも、これらの発言は、あらかじめ手配されていたテレビ放送によって全国に報道された。明らかに国王陛下はそのご意向をタイの全土に伝えることを意図されたわけである。

国王陛下のご発言の前から、既に四月二日の総選挙が無効であることの確認を求める訴訟が憲法裁判所に提起されていた。同裁判所は、国王陛下のご発言の後、五月末にこの訴訟について判決を下し、投票用紙に記入するためのブースの位置が不適当だった等の理由で、その選挙が無効との判断を示した。このため、やり直し総選挙が行われることとなったが、その時期はなかなか決まらなかった。

暫定タクシン内閣

他方、四月前半から首相職を離れたタクシン氏は、四月末から五月初めにかけて日本や米国を訪問し、日本では小泉総理等と、また米国ではブッシュ元大統領（当時のブッシュ大統領の父）等と会談した。その後五月中旬には首相代行として、実質的に首相の仕事に復帰した。その時点で復帰したのは、翌月にプーミポン国王陛下の即位六〇周年記念行事が迫っていたからである。特にその内の中心的行事である、全世界の君主を招待しての祝賀行事は、タクシン首相自身が国王陛下に提案して実現したものである。タクシン氏としてもその祝賀行事は、自ら主宰して是非とも成功させたいと思ったのであろう。

タクシン氏は、復帰したといっても、あくまでも暫定的に首相代行となったものである。内閣も暫定内閣とされた。正式な内閣は、やり直し選挙が行われた上で発足するという考え方である。正式な政府も議会も存在しないこととなったため、多くの重要な決定が、正式な議会や国会が発足するまで延期されることになった

できなくなった大事な決定の一つは、日タイ経済連携協定の署名であった。この協定は、タクシン政権発足後の二〇〇二年五月に日本・タイ両国政府間で予備協議が開始され、三年以上にわたる困難な交渉を経て、二〇〇五年の末までには、実質的に合意に達していた。しかし、二〇〇六年初め以降、タクシン氏の政権が動揺したため、署名が延期されていたものである。五月になってタクシン氏が実質的に政権の座に戻ったものの、暫定政権という位置付けであった。タクシン氏は、このような重要な協定を暫定政権の間に締結するのは不適当と判断したようであった。私を含め日本側関係者は、このタイ側の意向を尊重せざるを得なかったが、協定の署名が余りに遅れると、協定の内容が現実に適合しなくなってしまう恐れがあり、早くタイ側が署名できるようになることを願っていた。

皇太子殿下御夫妻のご来訪

ここで再びタイの王室との関係について触れたい。私の国王陛下に対する信任状奉呈式については既に述べたが、他の王族の方々に対しても、私と妻は、着任のご挨拶のためそれぞれお住まいの宮殿を訪問した。ワチラロンコーン皇太子殿下及び同殿下夫人のシーラット妃殿下には、四月三日にお住

まいのスコタイ宮殿でお目にかかることができた。スコタイ宮殿の正門から中に入ると、庭園の中には銅像の代わりに本物のジェット戦闘機を初めとする多数の飛行機が置かれているのに驚かされた。因みに皇太子殿下は空軍のパイロットである。

ご挨拶の席には、皇太子殿下と妃殿下がティーパンコン王子殿下をお連れになった。同王子殿下は、皇太子殿下ご夫妻の長男で、いわばお世継ぎである。ティーパンコン王子殿下のお誕生日は昭和天皇と同じ四月二九日で、私達のご挨拶の時には、まだ一歳になっておられなかった。そんな王子殿下を外国大使の接見に同席させるとは、ずいぶん早い帝王教育である。

私達がご挨拶を申し上げ、皇太子殿下から歓迎のお言葉を頂いた後、日本の情勢や日本の皇室の近況等が話題となったが、会話の途中で、皇太子殿下が抱っこしておられた王子殿下を私にお渡しになった。私は、自分の子供以外の子供を抱くことが苦手である。例え自分の孫でも、息子夫婦の子供であって自分の子供ではないから、万が一落としたら大変だという心配が先にたつ。いわんや、タイ王国の皇太子殿下の跡継ぎである。万が一のことがあったらどうなるか。私は、緊張で青くなったと思う。少しだけ抱っこした後、妻に王子殿下を手渡した。妻は慣れたものである。平気で赤ちゃん殿下を抱きながらシーラット妃殿下とお話をしていた。

後で聞いてみると、妻は、シーラット妃殿下と日本料理の話をしていたという。妃殿下は日本料理が大好きで、しばしばバンコックのあるホテルの日本レストランに行って和食を楽しんでおられるとのことだった。妻からは、それなら私たちの公邸に日本料理のコックさんがいるので、是非おいで下さいと申し上げ、妃殿下も了承されたということだった。

次の日私は、タイ外務省に対し大使館の正式文書で、皇太子殿下ご夫妻を大使公邸にお招きしたい旨申し入れた。返事は、意外に早く来て、こちらの招待を受けていただけるとのことだった。外国大使公邸に皇太子殿下ご夫妻がおいでになるのはめったにないことである。この時ほど大使夫人としての妻のありがたみを痛感したことはなかった。

皇太子殿下ご夫妻は、四月のある夜に我が大使公邸においでになった。皇太子殿下ご一行の車列は、一五台のパトカーによって警護されていた。あわせて約四五人ほどの護衛官がついてきたので、この人達のための食事を、大使公邸のレセプションホールに用意した。また一行到着の数時間前から数名の警備要員が公邸に来ており、厳重な警戒ぶりであった。

公邸にお着きになった皇太子殿下は、「この公邸に来たのは三〇年ぶりです」と懐かしげにお話になった。約二年前に皇太子殿下と結婚されたシーラット妃殿下にとっては、勿論初めてのことである。両殿下は、気軽に私ども夫婦や随行の側近の方々と様々な話題について会話をされた。また公邸料理人のTさんの腕によりをかけた料理もお気に召したご様子で、お二人で顔を見合わせて「街のレストランとは全然味が違います。」とおっしゃって頂いた。

食卓の話題として私が取り上げたことの一つは、山田長政である。その当時、日本大使館は翌月に予定されている天皇皇后両陛下のタイご訪問の準備に大わらわになっていた。その際の首都以外のご訪問先をアユタヤ市とする方向で検討されていた。アユタヤ市については、多くの日本人が山田長政を連想する。一部の日本のタイ専門家は、山田長政は傭兵隊長としてタイの人達にひどいことをしたという言い伝えがタイの南部に残っているので、アユタヤをご訪問先とするのは不適当ではないかとの意見を持っていた。私は、食事の席で皇太子殿下に山田長政についてご印象を伺ってみた。皇太子殿下は「山田長政は、タイでは中学の歴史教科書で取り上げられているが、悪い書き方はされていません。タイの人々一般も、山田について悪い印象を持っていないと思います。」と明快にお答えになった。

食事の後のアトラクションとしては、空手演武と着物の着付けショウを行った。空手演武は、日本人の空手師範とタイの女性空手チャンピオンに行ってもらった。迫力のある演武に両殿下も喝采された。着付けショウでは、着付けのデモンストレーションの後に、シーラット妃殿下に和服をお召しいただいた。妃殿下は、和服が良くお似合いになり、もともと美しい上に更に美しくなられ、皇太子殿下もご満足げに眺めておられた。

その後は、記念写真の撮影になった。皇太子殿下がどうぞとおっしゃるので、私と妻は、お立ちになった皇太子殿下ご夫妻の両脇に立って写真を撮らせていただいた。後で聞くとこれはタイでは通常許されないことだそうだ。タイの王族の方と写真を撮らせていただく場合には、王族の方にソファに

王室御船パレードのリハーサル。

お座りいただき、その他の者は、床の上に座るのが礼儀とのこと。従って、私達夫婦が両殿下と撮った写真は、残念ながらタイの人の前では公開できない。

天皇皇后両陛下のタイご訪問

二〇〇六年六月中旬、プーミポン国王陛下が一九四六年に即位されてから六〇年目を迎えられたことを祝賀する行事がバンコックで華々しく行われた。この行事には、天皇皇后両陛下を始めとする一五ヶ国ほどの君主（英語ではMonarch。称号は、天皇、国王、サルタン、大公など様々）と一五ヶ国ほどの皇太子殿下等の王族が参列された。天皇皇后両陛下も、六月一一日から一五日までバンコックをご訪問になり、アナンタ・サマーコム・ホール（旧国会議事堂）でのタイ国王陛下御即位六〇周年祝賀式典、チャオプラヤー川（日本で言うメナム川）での王室御船のパレードご観覧、チャクリ宮殿での宮中晩餐会等の祝賀行事に臨席されるとともに、チュラロンコーン大学やアユタヤ市をご訪問になった。更に両陛下は、タイの王族の方々や、この記念行事のためにタイを訪問した各国の元首ご夫妻等と親交を深められた。

タイご滞在中の天皇皇后両陛下の優雅なおふるまいと、お気軽にタイの人々と交流されるお姿は、世界最古の日本の皇室の伝統と相俟って、タイの人々を深く感動させた。また、このご訪問がタイ国民にとって世紀の行事であるプーミポン国王陛下御即位六〇周年祝賀式典の機会に行われたものであったため、両陛下のご訪問についてのタイ国民の関心と感謝の念は、通常の時期のご訪問をはるかに上回るものであった。

また両陛下のご訪問に対するタイ王室の喜びも格別なものだったと思われる。このことは、タイ国王王妃両陛下が天皇皇后両陛下のみをお招きしての晩餐会を催されたこと、そして両陛下のアユタヤご訪問にシリントン王女殿下が同行されたこと、などによく表れている。

タクシン首相の来訪

このように、プーミポン国王陛下御即位六〇周年記念行事が成功裏に終わったことについては、天皇皇后両陛下のご訪問が大きく貢献したことは疑いのないことであった。私は、かねてよりタクシン

タクシン首相と。

首相夫妻に対し大使公邸での晩餐への招待を行っていたが、「時期やよし」と見て、この招待をリマインドしたところ、それでは行こうという反応が返ってきた。

タクシン氏が大使公邸にやってきたのは祝賀式典後、二週間ほど経った六月の末であった。タクシン氏夫人のポジャマン女史も一緒に来ることになっていたが、残念ながら直前になって病気ということで欠席となり、代わりにスリヤ副首相兼運輸大臣、タノム財務大臣などの大物閣僚がやってきた。

食事に入る前に六〇周年祝賀行事が話題になった。タクシン氏は、「世界の君主を招待してはどうかと国王陛下に提案したのは私だ。沢山の君主が来てくれるだろうかと懸念する声もあったが、私は国王陛下の前で少なくとも一〇人の君主は来てくれるだろうと申し上げた。しかし、正直に言うと、あまり自信はなかった。実際のところ一五人の君主が来てくれたので、私は本当にほっとした。」と言っていた。

食事のテーブルに着いた後、タクシン氏はいよいよ弁舌さわやかとなった。私から今後の政治の見通しを尋ねたのに対し、タクシン氏はこう言った。「これから私にとって難しい問題が沢山起こり、私が厳しい状況に陥るのは、十分覚悟している。でも私は負けない。私は逆境に強いのだ。私のゴルフを知っている人は、それが判るだろう。ボールがフェアウェイにある時は、ミスショットを打つことがよくある。しかし、ボールがラフやバンカーに入った時、私はめっぽう強い。すばらしいリカバリーショットをよく打つのだ。」

更にタクシン氏は、興奮気味に次のように語った。「最近八〇歳を過ぎた有力者が、私に代わって首相になろうとしている。彼のような老人が首相になろうというのはお笑いだ。」同席したスリヤ副首相等も、そうだそうだ、などと同調していた。八〇歳を過ぎた有力者といえば、常識的にいってプレム枢密院議長しか考えられないが、それまで私は、プレム氏が首相復帰を狙っているなどという噂を聞いたことがなかったので、タクシン氏の発言の真意を測りかねた。

しかし、その後間もなく、タクシン氏は公開の場で、「八〇歳を過ぎた憲法の枠外のパラミー（カリスマを持った人の意味）がとんでもない野望を持っている。」などと、プレム枢密院議長の名前を口にしないとはいえ、明らかにそれとわかる形で同氏を批判する発言を繰り返すようになった。

その夜の食事の終わり近くになって、ワインもまわったタクシン氏は、多少自慢げに「私は、バンコックの中に三三ライ（約五ヘクタール）の土地を持っている。そこに一万二千平方メートルの家を建てるのだ。」と語った。私が「どうしてそんなに大きな家がいるのですか。」と尋ねると「私には友達が沢山いるから。」との返事が返ってきた。この時私はこの話を聞き流していたが、二年後にこの土地の購入が大きな問題となってタクシン氏に襲いかかってくることになる。

以上のとおり、夕食会の席上タクシン氏は終始上機嫌だったが、同席の閣僚は、極めて静かであった。いずれも日本大使公邸の主賓として招待してもおかしくない程の大物大臣であるが、タクシン氏の前では、「借りてきた猫」のような有様であった。私は、彼らのようにタクシン氏の側近中の側近と見られている人達でさえ、タクシン氏には「ものを申す」ことができなくなっているのではないかと感じた。

ソムサワリ王女殿下のご来訪

日本大使公邸には、次々に大事なお客様においでいただいた。タクシン氏の後のハイライトは、ソムサワリ王女殿下のご来訪であった。同王女殿下は、ワチラロンコーン皇太子殿下の最初の夫人である。ご結婚後一九七八年にパチャラキティアパー内親王殿下がお生まれになったが、その後離婚しておられる。離婚後も王族としてご活動を続けておられ、現在でも頻繁に様々なご公務を遂行されておられる。また同王女殿下の開放的なお人柄もあり、多くのタイ国民の敬愛の的となっている。

ソムサワリ王女殿下が我が大使公邸にお見えになったのは、二〇〇六年七月下旬であった。その直前に令嬢のパチャラキティアパー殿下がタイの検察庁で検事として働くことになったとの報道があった。同殿下は、長く米国の大学で法律などの勉強をされていた。タイ王家に属する方が検察官になられるというのは、私にとって驚きであった。

大使公邸にお着きになったソムサワリ王女殿下に対して私ども夫婦から、先ず令嬢の検察官ご就任をお祝い申し上げた。王女殿下も大変お喜びの様子であった。私から、タイでも司法試験はあるのですかと伺うと、ありますというご返事であった。外国で法律を勉強した方がタイの司法試験に合格するのは容易なことではないと思われる。パチャラキティアパー殿下は大変優秀な方なのであろう。

ソムサワリ王女殿下は、最初からリラックスしたご様子で、自由にお話になった。王女殿下ご自身で自動車を運転されるとのことだった。最近も、国王陛下のおられるホア・ヒンから車でバンコックに戻られる際、車に乗っているだけでは退屈してしまうので自分で三時間以上運転しましたと言われた。

また、各種のご公務で大変忙しいとも言っておられた。タイでは、日本で言うテレビ放送のプライムタイムに当たる午後八時台は、テレビ各社全てが王室番組を放送している。ソムサワリ王女殿下は、その番組で最もしばしば拝見する王族のお一人である。私達から見ていても特に大変だろうと思うのが、大学の卒業式における卒業証書授与である。日本の多くの大学のように、一人が総代になって受け取るわけではない。数千名の卒業生が全て直接、王族の方から卒業証書を頂く。そのお手渡しのすばやさは、まさに驚嘆に値する。

この日も最後に記念写真撮影と言うことになった。今回は、皇太子殿下ご夫妻の時の経験から学んで、予め写真撮影用のソファを用意し、王女殿下にはそれにお座り頂き、私ども夫婦はその両脇の床の上に正座して、写真を撮影した。これで問題ないと思っていたが、できて来た写真を見て驚いた。王女殿下がお座りのソファの上に私が肘を置いているのである。この写真もタイの人には見せられない。

5．静かなクーデター

タクシン氏による「パラミー」批判

前に述べた通り、七月に入るとタクシン氏は、「憲法の枠外のパラミーが私を政界から追い出そうとしている。」などと、誰の目にもプレム枢密院議長を非難していると見られるような発言を公的な場で繰り返すようになった。このことは、私にとって大きな驚きであった。というのは、タイでは一般に、プレム枢密院議長はプーミポン国王陛下に最も近い人と考えられており、同議長を非難することは、国王陛下を非難するのと同じだ、と見られていたからである。現に前年（二〇〇五年）末には、プレム枢密院議長に批判的な発言をした有名ジャーナリストが、世論から厳しい非難を受け、最後には辞任に追い込まれたことがあった。タクシン氏は、その様な発言を繰り返すことにより、国王陛下への忠誠心を疑われるというリスクを冒しているのではないかと私には思えた。

後から考えると、このタクシン氏のプレム枢密院議長批判は、その後のクーデターの発生・タクシン氏の権力喪失へのきっかけとなった行為であった。なぜタクシン氏がプレム批判を展開するようになったかは、今もって大きなミステリーである。あるタイ政治の専門家は、タクシン氏は、ゆくゆくはタイ王室を攻撃の対象とすることを念頭に置いた上で、その小手調べとして、プレム枢密院議長を批判してみて、国民の反応を探ろうとしたのではないかと推測していた。因みに、その時のタクシン氏によるプレム枢密院議長批判に対する世論の反応は、前年のジャーナリストによる同議長非難の場合に比べて、かなり穏やかなものであった。即ち、「プレム枢密院議長への批判は、国王陛下への批判だ。」などという非難の声は、殆ど聞かれなかった。タクシン氏の場合、プレム枢密院議長の名前を表に出さなかったという事情の違いはあろう。しかし、それ以上に、発言者がタクシン氏であることの重みが、この違いの大きな要因であるように私には思える。

それでは、タクシン氏は、この頃から長期的目標としてタイ王室を排除することを意図するようになっていたのであろうか。本人は、ことある毎に、自分は王室を尊重していると言っているが、これはそのままには受け入れ難いと見る人もいる。真相については、各自の想像力を働かせる他なかろうと思われる。

前にも述べた通り、四月末に私がタクシン氏に会った時、タクシン氏は、自分の人気が高すぎることが困難の原因と考えていたようだ。しかし、その後起こったことが、タクシン氏のそうした自信を粉々に打ち砕いたのではなかろうか。「その後に起こったこと」とは、国王陛下御即位六〇周年祝賀行事の際に、タイ国民が国王陛下に対して熱狂的とも言える敬愛の気持ちを示したことである。

例えば、六月の初めに行われた、ワチラロンコーン皇太子殿下が国王陛下に御即位六〇周年の祝意を表された式典が思い出される。この式典は、旧国会議事堂であるアナンタ・サマーコム・ホールで開催されたが、このホールに至る大通りには、式典の前の晩から、数十万人のタイの人々が座り込んで、式典の開始を待っていた。式典当日の朝になり、熱帯の日ざしが厳しく照りつけるようになっても、おびただしい数の群集はそこを動くことなく、タイの国旗や王室の旗を振りながら、一心に国王陛下のお出ましを待ち続けていた。

こうした一般国民の国王陛下に対する完全に自発的な敬愛の表現を見て、タクシン氏が「負けた」と感じたことは想像に難くない。タクシン氏も多数の自分の支持者をバンコックに集めたことは幾度もある。しかし、その数は、最大の場合でも、この国王陛下のお祝いに集まった人々の数より一桁少ないものであった。また、タクシン氏支持者の大部分は、地方からバス代・弁当代付きで動員された人達だという見方もある。タクシン氏が自ら企画・主宰した国王陛下のための一連の祝賀行事を通じて、自分の人気が国民の国王陛下への敬愛の気持ちに匹敵するものではないことを思い知らされたとすれば、真に皮肉なことである。

タクシン氏のプレム枢密院議長批判発言の動機としてもう一つ考えられるのは、プレム枢密院議長が本当にタクシン氏排除に動き出していた可能性である。（なお、この可能性は、上に述べた第一の可能性と矛盾するものではない。）この可能性を裏付ける未確認情報としては、次のようなものがある。一連の国王陛下御即位六〇周年祝賀行事のうちでも、クライマックスは、アナンタ・サマーコム・ホールの二階で、プーミポン国王陛下とその左右に並んだ各国君主夫妻を前にして、タクシン首相が祝辞を述べた儀式であった。タクシン氏が「臣下の分際でありながら」、あたかもタイ国王陛下及び各国君主と同等であるかのような位置で祝辞を述べたのは、真に無礼であるとタイ王室サイドの一部の人が憤慨した。これらの人たちがタクシン氏排斥の意向を固め、この意向を受けて、プレム枢密院議長が動いたという説である。

プレム枢密院議長自身は、反タクシンの動きをしたことはないと何度も明言している。また、プレム枢密院議長と長年親交のあったある大使によると、その頃、同枢密院議長は「私は、以前からタクシンと親戚同士のように親しくつきあってきたが、最近になってタクシンが急に自分のことを公の場で批判するようになって大変困惑している。私には、どうしてタクシンの態度がその様に変わったのか、理解できない。」とこぼしていたとのことである。これが本当だとすれば、プレム枢密院議長がタクシン氏追い落としを図っていたような事実はないことになる。

なお、後日談になるが、二〇〇九年の初めに、タクシン氏は滞在先の外国からタクシン支持者の集会に向けてビデオ演説を行い、二〇〇六年の初めにプレム枢密院議長、スラユット枢密院顧問官等が秘密裏に集まって、クーデターの計画を練ったと非難した。従って、少なくともタクシン氏自身は、プレム枢密院議長がクーデターの計画段階から深く関与していたと考えているようである。そしてこれがタクシン氏による「パラミー批判発言」の動機だったのではないかと推察される。

しかし、プレム枢密院議長が本当にクーデター計画に関与していたかどうかについては、結局のところ不明と言わざるを得ない。

軍の人事異動と爆弾事件

二〇〇六年七月になると、タイ国軍とタクシン氏の関係に微妙なズレが出てきた。毎年七月から九月に、タイの陸・海・空三軍の定期的な人事異動が行われる。軍の中には、タクシン氏に忠実なグループとそうでない人達がいた。タクシン氏は、警察官僚出身であるが、士官予備学校（高等学校レベル）の段階では、警察と陸海空三軍は、同じ学校で学ぶ。そして、士官予備学校の同期生は、それぞれ警察や三軍のいずれかに勤務するようになっても、強い団結を維持する。タクシン氏の場合も、同期の士官予備学校第一〇期の人々の間の団結は強く、三軍の中の同期の人々は、多くが親タクシン派と目されていた。

タイにおいて軍の人事は、基本的に軍の中で行われ、通常行政府は関与しない。軍の中と言っても、広い意味であり、プレム枢密院議長が依然として軍人の人事に最終的な発言権を持っていると見る人もいる。いずれにしても、首相といえども軍の人事に口を挟むことはできないと言われている。

二〇〇六年七月下旬には、タクシン氏支持者と目されていたタイ陸軍中堅幹部の約一〇〇人が配置換えとなった。このことは、タイ陸軍の中の反タクシン派と親タクシン派の対立が激化しているのではないかとの推測を生んだ。また、一部の新聞では、軍がクーデターを起こして政権を奪うのではないかとの観測がちらほら報じられるようになった。八月には、陸軍の戦車が地方の拠点からバンコク方面に移動していると報道されたことがあったが、陸軍当局は、これは演習のための通常の移動であると説明した。

また、その頃、バンコックの市内で、爆破未遂事件が連続して発生した。その内最も重大な事件は、車で六七キロもの爆弾を運んでいた一味がタクシン氏の私邸の近くで警察により逮捕されたものである。運ばれていた爆弾はタイ陸軍保有のものと推定され、またその量は、もし爆発すれば、タクシン氏の私邸を含む直径約一キロメートルの範囲が壊滅的な被害を受けるほど大量のものであった。逮捕されたのは、いずれも陸軍のテロ対策組織（ＩＳＯＣ　Internal Security Operational Command）に所属する五人の現役陸軍軍人で、その内の一人はＩＳＯＣの次長であった。

この事件については、軍の一部によるタクシン氏暗殺の試みだったとの見方と、タクシン氏が同情を買うために作り上げた芝居だとの二つの見方がなされたが、真相は不明である。いずれにしても、この事件は、世の中が乱れる前兆のような、いやな雰囲気をかもし出した。

静かなクーデター

バンコックで一番雨が多いのは、雨季も終わりに近い九月である。二〇〇六年九月一九日の夕方も、どんよりと曇って、今にもスコールがやってきそうな気配だった。タクシン首相は、その頃、国連総会で演説するためニューヨークを訪問しており、バンコックには不在だった。実力者が留守をしている中で、口コミ情報が盛んなバンコックでは、クーデターについての噂が飛び交っていた。

その夜、バンコックでは約二〇年前に日本政府の援助で建設されたタイ文化センターで、ポルトガル大使館主催の「ファド」のコンサートが行われた。「ファド」は、哀愁を帯びたポルトガルの伝統歌謡である。何となく日本の演歌に似ている。私達夫婦は、数年前にポルトガルに観光旅行した際に「ファド」に魅せられたこともあって、政情のことは多少気になっていたが、思い切って招待に応じ、コンサートを鑑賞することにした。

コンサートが終わった後、私達は、同じセンター内のホールで多数の同僚大使夫妻とともに遅い夕食をとり始めていた。時計は夜の一〇時を過ぎていた。突然私の携帯電話が鳴った。日本大使館の政務担当の書記官の声で、やはりクーデターが発生したとのことだった。私は、何気ない顔で妻とともにディナー会場を出て、大使車に乗り日本大使館に向かった。他にも何台かの大使車が文化センターを離れようとしていた。

私は、大使館に向かう車の中で、クーデター発生の報を、予想外ではないにしても、信じ難い気持ちで受け止めていた。予想外ではなかったのは、七月以降最近に至るまで新聞等がクーデターの可能性を報じており、また大使館としてもその可能性を示唆する情報を得ていたからである。にもかかわらず信じ難い気持ちだったのは、第一に、私も多くのタイの知識人と同様、中流階級が成長したタイでは、クーデターは過去のものとなったと感じていたことにある。もう一つの理由は、これほど事前にクーデターの情報があったのだから、タクシン氏ほどの人であれば、必ずその発生を防ぐ手を打つだろうと考えていたことによる。

私は大使館で車を降りた。そこから大使公邸に帰る妻には、「私は今後数日間大使館で籠城しなければならないかも知れないので、その間大使公邸の管理を頼むよ。」と言った。彼女は「大丈夫よ。」と意外に落ち着いていた。夜の一〇時過ぎであったが、次々に多くの大使館員が出勤してきていた。既に首都の中心部を車で見回ってきた館員は、首相官邸をはじめ要所々々に少数の戦車が出ていたが、その他は普段と大きな違いはなく、町の様子は平穏だったと報告した。なお、タイの経験が長いある館員の夫人は、その夜、ご主人の要請で、私用車でバンコックの郊外に様子を見に出かけたところ、偶然、ある林の中の道に迷い込んでしまい、そこで数え切れないぐらい多数の戦車が隠れているのにぶつかって、びっくりして引き返してきたとのことだった。後に判ったことだが、その日の午後六時にタイ陸軍特殊部隊がバンコック北方の約一二〇キロメートルのロップブリ県の基地を出発して、午後九時頃バンコックに到着し、首都内外の拠点に配置されていた。

タイのテレビ局は、その日の夜九時半頃から通常の放送を中止し、国王陛下作曲の音楽などを放送するようになった。NHKやCNNなどの外国の放送局の放送も中断されていた。これも後から判明したことであるが、タイの時間で午後一〇時二〇分に、タクシン首相がニューヨークから電話で声明を発表し、非常事態宣言を発するとともに、ソンティ陸軍司令官を首相府の名目的ポストに配置換えし、ルーアンロット国軍最高司令官を事態への対応の責任者に任命した。しかし、この発表を報じるテレビ放送も、途中で中断された。

午後一一時に、陸軍が管理しているテレビ放送局である「チャネル5」で、美人の女性のキャスターがクーデター指導者であるソンティ陸軍司令官の次のような発表を読み上げた。「タイ国軍司令官とタイ警察司令官は、治安と秩序を維持するためにバンコックとその周辺を成功裏に掌握しました。戦闘は発生していません。我々は、皆さんの協力を要請するとともに、不便をおかけすることをお詫びします。ありがとうございます。そしてお休みなさい。」因みに、この発表をしたタウィナンさんは、一九八七年の「ミス・アジア」コンテストの優勝者で、当時はチャネル5の渉外局長をしていた。

バンコックの国際空港であるドン・ムアン空港は、クーデター後も閉鎖されず、航空機が通常通り離着陸していた。因みに、タイでは一九九〇年代の初めまで、数年に一度の頻度でクーデターが起きていたが、殆どの場合、首相府、放送局、そして国際空港の三ヶ所は、クーデター側により押さえられた。しかし今回は、その三点セットの内、空港は閉鎖されなかったわけである。

この状況下で、大使館にいた私達が最も深い注意を払ったのは、タイ全土で四万人以上、バンコックだけでも三万人以上に上る在留邦人（大使館に提出された在留届けに基づく）の安全であった。幸いなことに、バンコック市内外の情勢は、一部地域への戦車の出動を除けば、ほぼ普段と同様で平穏だった。私達は、在留邦人の連絡網を使って、クーデターが発生したことを知らせるとともに、当面情勢は平穏だが、在留邦人の皆さんは情勢の推移に注意してほしいこと等を伝達することに努めた。また翌日からは、大使館のホームページにクーデター関連の情報を掲載して、邦人の方々に注意を呼びかけた。

なお、これも後で公表されたことであるが、この夜遅く、クーデターを指導したソンティ陸軍司令官等がチトラダ王宮に参内し、プーミポン国王陛下及びシリキット王妃陛下の拝謁を賜った。タイでは、クーデターの指導者が国王陛下の拝謁を許されることは、クーデターの成功を意味するとされている。

いずれにしても、クーデターと聞いておっとり刀で大使館に駆けつけた私達も、拍子抜けするくらいに静かなクーデターであった。夜中の二時過ぎには、これ以上の大きな変化は予見されない状態となったので、政務班員を除いて、出勤してきた大使館員は自宅に帰ってもらうことにし、私も大使公邸に戻った。妻は、私の姿を見て、流石にほっとしたようだった。

なぜ外国にいたのか

このクーデターは、どうしてこのようにやすやすと、しかも完璧な成功を収めてしまったのだろうか。このクーデターが突如として行われたものではないことは、既に述べた通りである。クーデターについて、事前の「新聞情報」があっただけではない。クーデター指導者のソンティ陸軍司令官自身が一〇月の末に新聞記者に語ったところによれば、クーデターのかなり前に、タクシン氏が同司令官に対して、冗談めかして「三軍の司令官（ソンティ陸軍司令官を含む）を首相府付きに配置換えしたら、あなたはクーデターを実行するか。」と尋ねたところ、「実行します。」と答えたとのことである。

このように事前の情報があったのに、タクシン氏はバンコックを留守にしてしまった。このことが、クーデターがいとも簡単に成功した最大の理由であろう。タクシン氏は、バンコックにいなかったため、クーデター発生の情報を把握するのが遅れ、また適時適切な対応策も取れなかった。それでは、クーデターが噂されるような時期になぜタクシン氏は国内に止まらず、ニューヨークにいたのだろうか。国連総会での演説のためにニューヨークを訪れていたのだが、この演説は、タクシン首相がどうしてもしなければならなかったことではない。

なぜこの時にタクシン氏がタイにいなかったかについては、二つの説がある。第一は、タクシン氏もタイでは、もはやクーデターなど起こるはずがないと考えていたという説である。私は、これは多分事実であろうと考える。現に、タクシン氏に近いタイ側要人から私が後で聞いたところによると、タクシン氏は、クーデターが実行される半日程前に、間もなくクーデターが行われるとの情報を得たが、何かの冗談だろうと言って、真剣に対応しなかったとのことである。また一説によると、タクシン氏は、クーデターの噂を聞いた後に、予備士官学校同期のアヌポン中将（当時第一方面軍司令官）に電話をかけて、「クーデターが起こっているのか。」と聞いてみたが、アヌポン中将は「何も起こっていませんよ。」と答えたとのことである。しかし、実のところは、その時点でアヌポン中将自身がソンティ陸軍司令官の指揮の下でクーデター実行の中心的役割を果たしていたのであった。こうしてタクシン氏は、折角の事前の情報を生かすことができず、クーデター発生直前の死活的に重要な時間を無為に過ごしてしまった。

タクシン氏がタイを留守にしたことについての第二の説明は、「占い師説」である。（この説は第一の説と矛盾するものではないが。）タクシン氏は二〇〇六年の八月後半にミャンマーを訪問した。その際に、同国の著名な占い師であるETという人物に面会して占ってもらったところ、九月二〇日前後にタクシン氏がタイにいると良くないことが起こると言われたとのことである。因みに、その後私もミャンマーに観光に行ったが、現地の人によると、確かにETという有名な占い師がいるということであった。尤も、九月二〇日前後云々の話は確認できなかった。いずれにしてもタクシン氏は、かねてからその占い師の言うことに信頼を置いていたので、その頃タイにいることは避けたのだという説である。なお、先に触れたタクシン氏に近いタイ側要人によると、クーデター成功のニュースを聞いた後でも、タクシン氏は妙に冷静であり、「この方が良かったのだ。私がタイにいたら、悲惨な流血の事態になっていただろうから。」と語っていたとのことである。

いずれにしても、タイに帰ることができなくなったタクシン氏は、クーデターの翌日に「私は首相としてニューヨークに来たが、無職者としてニューヨークを離れる。」という名文句（？）を残してニューヨークを発ち、ロンドンに移動した。ロンドンには、既に長女のピントーンター嬢が留学のために滞在していた。またタクシン夫人のポジャマン女史も、九月二五日にバンコックを発ってロンドンに到着した。他方長男のパーントンテー氏と次女のペートーンターン嬢はバンコックに残った。タクシン氏は、それ以降約一年半にわたり外国での滞在を余儀なくされることになる。

なおタクシン氏は、ニューヨークに行く直前の九月九日に、アジア欧州会議（ＡＳＥＭ　Asia-Europe Meeting）出席のためフィンランドを訪問しているが、フィンランド行きの特別機には五〇個以上の大型のスーツケース等が積み込まれていた。またタクシン氏は、フィンランドから直接ニューヨークに行ったが、一七日にはバンコックから更に五〇個以上のスーツケース等をチャーター便で取り寄せている。二週間にも満たない海外旅行のために、何故これ程の多量の荷物が必要だったのか、不思議といわなくてはならない。もしかするとタクシン氏は、この時の海外滞在が異常に長いものとなる可能性があることを予見していたのかも知れない。

クーデター体制の成立

クーデターを指導したソンティ陸軍司令官のグループは、九月一九日夜、実権掌握直後に、「民主改革評議会」（正式な名称は「国王陛下を元首とする民主体制の下で統治の改革を実施する評議会」）を設立した。同評議会は、九月二〇日の早朝「自分たちは、国王陛下により受け入れられた。」との発表を行った。王室側は、当初黙っていたが、数日後に、「国王陛下は、単にクーデター指導者に対し謁見を許したのみであって、承認したわけではない。」との趣旨の発表を行った。

クーデター決行の夜にプーミポン国王陛下がクーデター指導者の拝謁を許された際に、シリキット王妃陛下が同席されていたが、これは、これまでに例を見ないとのことである。このことを特に重視する人がいるが、当時の状況を考えれば特に奇異なことではないとも言える。というのは、国王陛下は、八月初め頃に腰椎の手術を受けており、その頃はまだ静養期間であった。しかも真夜中のことである。王妃陛下が国王陛下のお体を案じられて同席されても、不思議なことではない。それに王妃陛下が同席された場面の写真の公表を王室が許可したこと自体、王室が王妃陛下の同席を特別なものとして考えていないことを示すものとも言えよう。

政権を求めないクーデター

いずれにしてもクーデター直後の統治機関として「民主改革評議会」ができた。この評議会は、二〇日の午前零時頃に布告第二号として「自分達は政治権力を握るつもりはなく、国王陛下の元首としての地位は変わらない。また一年以内に総選挙をして政権を人民に返還する。」との方針を発表した。（なお、この「一年以内」という約束は、その後いつの間にか「次の年の内に」とすりかえられていったが、結果的には次の年の末に総選挙が行われ、何とか約束が守られる形となった。）

クーデター実行勢力が最初から自ら政権を握らないと表明するようなクーデターを、私は聞いたことがない。通常、クーデターというのは、クーデターを実行する人達が政権を取るためにやるものではなかろうか。この点で、このクーデターは、中南米などで良く見られたようなクーデターと異なるし、タイの歴史上も例を見ないのではないかと思われる。このクーデターを実行した人達は、タイの政治がある原因によって悪い状態になったので、横から割って入って、悪くした原因を取り除けば、政治は、自ずとあるべき状態に戻ると考えていたようである。即ち、彼らは、自分達の任務はタイの政治プロセスを「リセットする」ことにあり、それさえすれば、その後は、自然の流れに任せておいても、物事は自ずから良い方に進むと考えていたのではなかろうか。その意味で、彼らは非常な楽観論者であったと言えよう。

しかし、彼らは、少なくとも政権を任せる人を選ばなければならない。その点について、彼らは十分な準備を持っていたとは思われない。クーデター後に、新聞紙上で首相候補者が何人か取り沙汰されたが、これは評議会側が何人かの候補者に首相就任を打診していることを示しているように思われた。こうなると私も忙しくなる。首相候補と報じられる人と片っ端から会っていった。先ず、アナン元首相。次いでプリディヤトーン前副首相兼財務相、それにスラユット枢密顧問官（元国軍最司令官）。いずれも私が既に顔見知りの人達であったが、改めて面会してじっくり話してみても、それぞれ立派な識見を有する人達であり、我が国との関係にも積極的であり、誰が首相に就任しても心配はないと感じられた。

6. スラユット新政権の成立

スラユット首相誕生

結局、スラユット枢密顧問官が首相職を引き受けた。後に、スラユット氏が私に語ったところによると、同氏は首相職に就くことを要請されたのに対して、クーデター自体に反対であったこともあって、当初は断った。しかし、重ねて強く要請されたために、現在の国の混乱を収拾するために自分にできることがあるのなら、断るべきではないと考えて、首相職を受けたとのことだった。

スラユット氏は、元々は、典型的なタイ陸軍のエリートである。一九七〇年代に陸軍特別戦闘司令部司令官としてタイ北部における共産党勢力掃討作戦で勇名を馳せた。その後プレム陸軍司令官（現在の枢密院議長）の副官として活躍した。そして一九九八年に陸軍司令官となり、タイ国軍が東チモール国連平和維持軍参加した際に指揮官として優れた能力を発揮し、タイ国軍の国際的な名声を高めた。また軍の人事面の刷新等を通じて、タイ国軍における腐敗の追放にも大きな成果をおさめた。しかしタクシン首相時代になって、ミャンマー国境問題等で同首相との間で摩擦が生じ、二〇〇二年に実権の少ない国軍最高司令官に祭り上げられた。二〇〇三年に退職し、三ヶ月間の出家生活の後、召されて枢密顧問官となった。

スラユット氏には、父親との間で、悲劇的なエピソードがある。父パヨーム・チュラノンは、元々軍人であり、一九四七年にはピブンソンクラーン将軍の軍事クーデターに協力したが、間もなく同将軍と袂を分かった。パヨームは「陸軍幹部学校クーデター」と呼ばれるクーデターを起こしたが、これに失敗し、中国に亡命した。一九五七年に帰国した彼は、タイの総選挙に立候補して当選し、国会議員となったが、同年サティット将軍がクーデターでピブンソンクラーム内閣を倒したのを機に、家族を残して地下に潜伏し、タイ共産党幹部となった。しかし、息子スラユットが軍人になることには反対せず、軍人として国に尽くすよう励ましたといわれる。スラユット氏は、後年タイ陸軍の共産勢力掃討作戦の指揮官となり、タイ人民解放軍参謀長の父パヨームを追求することになった。パヨームは、長年の戦闘で健康を損ない、中国で療養生活を余儀なくされた。スラユット氏は、一九八〇年に北京で療養中の父パヨームとの面会を果たしたが、父親はその数ヶ月後同地で亡くなっている。スラユット氏は、現在でも父親を「自分のヒーロー」として尊敬している。

話を元に戻すと、クーデターを実行したソンティ陸軍司令官は、スラユット氏が陸軍特別戦闘司令部司令官だった頃の直属の部下であった。スラユット氏は、後輩のソンティ陸軍司令官が作り出した混乱を収拾する責任を感じたのかも知れない。そしてその決断の背景には、現在もタイ軍の最高権威者で、スラユット氏が師と仰ぐプレム枢密院議長の意向があったことは想像に難くない。

タイ外務省での論争

こうしてスラユット政権が誕生した。これについて、世界の各国政府は、様々な反応を示した。日本政府は、今回のクーデターが発生したことは残念であり、できるだけ速やかに民主政治に戻ることを期待するという見解を公表した。他方、欧州諸国の反応はもっと厳しく、クーデターを強く非難し、早急な民主化を要求するとのラインであった。米国の姿勢は、当初は比較的マイルドなものであったが、欧州諸国の厳しい反応を見て、多少ニュアンスを変えて、クーデターを厳しく非難するトーンに変わった。他方中国は、最初から内政不干渉の立場を鮮明にし、何のわだかまりもなくスラユット政権との友好関係構築の希望を表明した。

私は、日本政府としては、先進民主主義国家として、クーデターという極度に非民主的で非合法的な行為は絶対に受け入れられるものではないが、クーデターの実行者自身は政権を求めず、タイの政治をリセットするために行動を起こしたというこのクーデターの特殊性を考えれば、日本政府が表明した「残念」という評価は、妥当なところではないかと感じた。

しかし、タイ政府は、日本側が「残念」との気持ちを表したことにショックを受けたようであった。タイ側からすれば、これまで日本はタイが困った時に何時でも助けてくれた。例えば、一九九七年にタイを襲った金融危機に際しては、日本が先頭に立って救援パッケージを作り、また最大の規模の資金面での援助を行ってくれた。だのに今回はなぜ、日本はタイの新政府の立場を支持してくれないのだろうか。また、欧米の諸国と異なり、日本はアジアの国ではないか。欧米の国のような杓子定規な考え方をせずに、アジアの国らしく、タイの実情に暖かい理解を示しても良いのではないか、というのがタイ政府の人々の率直な気持ちだったものと思われる。

いずれにしても現地にいる大使の私としては、スラユット新政権との間に良好なコミュニケーションのチャネルを築く必要を強く感じていた。とにかく日本とタイの両政府の間には、数え切れないほどの話し合うべき案件がある。例えば、タイには日本人商工会議所に加盟している日系企業だけで一二〇〇社以上を数える。これらの企業は、個別に、或いは集団として、タイ政府当局との間に様々な問題を抱えており、日本大使館が関与しなければ進まない案件も少なくない。また両政府間では、依然としてかなりの数の経済・技術協力案件が進められており、これらの円滑な実施のために両政府間で恒常的な意思疎通が必要とされていた。従って、日本として、スラユット新政権を如何に評価するかに拘わらず、同政権との間で円滑な意思疎通のできる関係が必要とされていた。

また、東京の本国政府に頼んで、新政権に対する日本政府としてのメッセージを送ってもらっていた。この内容は、基本的に既に公表したラインとほぼ同様の趣旨であったため、このメッセージを文書にして新政府側に渡すと、新政府側がネガティブな反応を示す可能性が大きいと思われた。このため私は、できるだけ早くスラユット首相に直接面会して、口頭で日本政府のメッセージを伝えるのが適当と判断し、タイ外務省を通じて面会要請の申し入れを行った。なお、中国大使が早々とスラユット首相と個別の会見を行って、中国政府が新政権と友好関係を樹立する意向を伝えたこともあり、日本大使として、これ以上遅れをとってはならないと言う気持ちもあった。

タイ外務省への申し入れを行った数日後に、外務省の幹部A氏から私に呼び出しがあった。何だろうと思って行ってみると、A氏は、「貴方からスラユット首相へ日本政府のメッセージを伝えるための面会の要請が出ているると聞いているが、そのメッセージは、暖かい内容のものか、そうでないものか教えてくれませんか。」と質問した。私は「内容が暖かいか冷たいかを判断するのは、スラユット首相のはずです。外務省は、暖かいか冷たいかによって、私の首相との会見のアレンジをするかどうかを決めるのでしょうか。それに外務省は既に他の大使のためにスラユット首相との会見をアレンジしているではありませんか。」と答えた。これに対しA氏は、「それはその国の大使が暖かいメッセージを伝えることが判っていたからです。」と言った。私が「暖かいメッセージを持ってくる大使のためだけ首相との面会をアレンジしろというのが首相府からの指示なのですか。」と質問したのに対し、A氏は「そんな指示はありません。私自身の判断で聞いているのです。」と答えた。

私は、議論が不毛になってきたことを感じて、「そんなことを聞くために私を呼んだのですか。」と尋ねたのに対し、A氏は、「そうではありません。お越し願った本題は別にあるのです。」と言って本題に入ったので、私は感情を交えずにその件を話し合った後、外務省を後にした。任国の外務省幹部と言い争いをするのは、大使としては落第かも知れないと思いながら、同時に言いたいことを言ってすっきりした気持ちだった。

タイミングの良い浅野外務副大臣来訪

いずれにしてもスラユット首相との単独会見は実現しそうにもなかった。私がどうしようかと考えあぐねている時に、本省よりある連絡が入った。浅野勝人外務副大臣（当時）がある国際機関の事務局長の選挙に関する支持要請のために、タイにやってくるという知らせである。日本政府は、そのポストのために有力な日本人の候補者O氏を推しており、選挙も近づいたので、最後の働きかけのためにやってくるというわけである。

私は、浅野副大臣がこの国際機関選挙でタイの支持をもらうためにタイにやってくることを表に出した場合には、その目的は果たせないだろうと判断した。従って、タイの外務省に対して、特に目的を明示せずに、同副大臣とスラユット首相を初めとするタイ政府要人との面会のアレンジを要請した。

一〇月二四日深夜、バンコックに到着した浅野副大臣に私は、「今回のタイ訪問の目的が国際機関事務局長ポストの支持要請だということがタイ側に判ると、訪問の目的は達成できなくなってしまいます。より一般的なスラユット新政権との意見交換が目的ということにして頂いて、支持要請は、この際ついでに、という感じでお触れになってはいかがでしょうか。またタイの現状については、日本政府の公式な立場に加えて、クーデターが発生するに至った事情は理解しているということを付言していただけないでしょうか。」とお願いした。これに対して浅野副大臣は同意してくれた。

翌朝、浅野副大臣は、先ずプレム枢密院議長と会談し、私もこれに同席した。浅野副大臣とプレム枢密院議長は、初対面であったが、すぐに旧知の間柄のように打ち解けて話が進んだ。会談の最後に、浅野副大臣が「最後に一寸お願いがある。」と言って両手を合わせるゼスチュアをした。これはタイ人がお互いに挨拶をする「ワイ」と呼ばれるしぐさと同じである。プレム枢密院議長は、外国人からこのようなゼスチュアをされたせいか、一寸びっくりした顔つきをした。その後に浅野副大臣が日本のO候補に対する支持をお願いすると発言すると、プレム枢密院議長は、静かにうなずいた。

浅野副大臣は、その日の午前中にニット外相と会談し、午後にはスラユット首相、そしてモンコン保健相と会談した。スラユット首相との会談では、その冒頭で私から懸案の日本政府のメッセージを伝えることができた。浅野副大臣は、それぞれの会談でさらりと支持要請を行った。ニット外相とモンコン保健相の反応は中立的であったが、スラユット首相の反応は好意的なものであった。

訪問の効果

この浅野副大臣のタイ訪問は、タイの新政府と日本政府の間でもやもやしていたものを一気に払拭することになった。タイの外務省も、もはや私や日本大使館に対して冷たい態度を示すことはなくなった。これは、浅野副大臣とプレム枢密院議長、そしてスラユット首相との間で、「心と心の関係」ができたことが大きく貢献している。加えて、この訪問がタイの新政権成立以後初めての先進国からの政治レベルの訪問であったことも大きな効果を発揮した。言い換えれば、タイの新政府は、それだけ先進国側からの批判と疎外に傷ついていたと言えよう。

疎外といえば、興味深い事例がある。当時、欧州連合（EU）の大型経済ミッションが東アジア諸国を訪問しており、ベトナムと中国を訪問した後、タイに向かう予定であったが、クーデターを理由にこれを取りやめてヨーロッパに帰ってしまった。私などから見ると、民主主義の観点からは、将来も民主化する方針を全く示していないどこかの国の政権より、現在は民主的な政権ではないが、一年以内に民主化するといっているタイの政権の方が好ましいと思うのだが、欧州諸国はそうは考えないらしい。

前に書いたように、スラユット政権は、クーデターの「後に出来た」政権ではあるが、クーデターを「行った人達による」政権ではない。閣僚の中でクーデターに関与した人は誰もいない。その多くが、タクシン政権以前の政府で各省の事務次官等の要職に在った官僚である。軍出身者は、二人（国防大臣と運輸大臣）しかいない。ＥＵ諸国は、このあたりの、タイの新政権と中南米のクーデター政権との違いを無視して、「クーデター政権」はどれでも一様に悪いとの判断の下に行動しているようである。

尤も、欧州諸国の間でも、スラユット政権に対する見方において、ある程度の相違はあった。何度もタイに勤務したある西欧の大使などは、スラユット政権を中南米のクーデター政権と同一視すべきでないと考えていたようである。しかし、ＥＵの場になると単純な議論が幅を利かすとのことで、「クーデター政権であるスラユット政権は悪い。」という結論になってしまうとのことである。またその時々のＥＵ議長国の大使の考え方や姿勢がＥＵの態度の決定に過度の影響を与えている面もあるとのことである。

何はともあれ、浅野外務副大臣の来訪という絶妙なタイミングの出来事が幸いして、私や日本大使館とタイの新政府との間のコミュニケーションは、クーデター前とほぼ同様に円滑なものになった。

忙しい大使

新政権が成立したので、大使としての私は、またまた忙しくなった。殆ど全ての新任閣僚への表敬訪問をするからである。勿論これはタイにいる全ての大使が行うことではない。現に、タイの外務省からは、ほぼ全閣僚に表敬訪問するのは日本大使くらいのものだと言われた。しかし、これは私の趣味でやった訳ではない。日本大使館の場合、ほぼ全てのタイの省庁となんらかの実質的な関係がある。何時どの大臣に何らかの働きかけ、或いは頼みごと、或いは苦情の申し入れをしなければならないか判ったものではない。それは、日タイ関係の幅の広さの表れだろう。そして表敬訪問をした後は、全ての閣僚を夫妻で大使公邸の夕食会に招待することになる。

振り返ってみると、このようなほぼ全閣僚への表敬訪問と晩餐への招待を、私は二年九ヶ月のタイ在勤期間中に四ラウンドすることになった。最初は二〇〇五年一一月の着任直後にタクシン政権の閣僚に対して、そして第二回目は二〇〇六年一〇月のスラユット政権の成立後、第三回目は二〇〇八年二月のサマック政権成立後、そして最後に同年九月の私の離任直前（サマック政権閣僚に対して、晩餐会はなかった）である。

こうしたタイの閣僚への招待を行う上で、我が大使公邸の日本料理のコックさんは大いに貢献してくれた。現在のタイの人々は、欧米の人々に劣らないくらい、日本料理が大好きである。ひと昔前まではタイの人は、生魚を決して口にしなかったとのことだが、今では、寿司、刺身が大好物というタイ人が珍しくない。

バンコックに日本料理のレストランは数限りなくある。一説には五〇〇店以上あると言われているが、その根拠ははっきりしない。いずれにしても、バンコックは世界有数の日本料理屋の激戦区であり、日本大使公邸としては、こうした激戦区の中で、料理が美味しいという評価を確立しなければならない。幸い私の公邸の料理人さん（日本人とタイ人、各一人）が材料の調達や調理の面で頑張ってくれた結果、「日本大使公邸はバンコック一の日本料理店」と多くのお客さんが（お世辞もあろうが）

誉めてくれた。

なお、公邸の食卓でよく出されるのは、「大使は、バンコックのどの日本食レストランがベストだと思いますか。ここだけの話にするので、大使の個人的意見を聞かせてください。」という質問だった。これは、通常の場合、大使にとっては危ない質問である。「どこどこのレストランが良いと思う。」とこっそり言ったつもりでも、往々にして外に漏れてしまう。しかし、私の答えは安全かつ正直なものであった。「残念ながら、私は毎日公邸で日本料理を食べているので、外食する時は日本料理以外を食べます。ですからバンコックの日本レストランには殆ど行ったことがないのです。」

〈コラム〉高級コック養成コース

バンコックの日本大使館は、世界中のどの日本大使館もやっていないユニークな事業を行っている。それは「タイ人日本料理専門家養成コース」である。タイでかなりの年数にわたって日本料理店で働いているタイ人のコックさん七~八人程度を対象に、年に一回、約三ヶ月間の料理講座を開催している。指導するのは、大阪の有名料理学校の先生。生徒のタイ人コックさんは、既にかなりの日本料理の腕前を持っているが、この人達が更に腕に磨きをかけることになる。こうして高級板前さんに生まれ変わったタイ人コックさん達は、世界各地の日本大使や総領事の公邸に専属料理人として派遣されるのである。現在二五人前後のタイ人コックさんがこうして世界各

料理人養成コースの生徒さん達。

地で働いている。これらのコックさんたちは、料理の腕といい、人柄といい、申し分ないという評価を受けている人が殆どである。

この制度は、日本の在外公館全体の活動に貢献していると思うが、併せて、我が在タイ国日本大使館のためにも大いに役立っている。私は、公邸のディナーやランチに招いたタイ人のお客さんに、このように紹介することにしていた。「現地人の高級日本料理専門家の養成講座を開催している日本大使館は、世界広しと言えども、この大使館だけです。その理由は、第一にタイには多数の伝統ある日本料理店が存在すること。第二は、タイ人と日本人は容易に心が通じあうので、タイ人のコックさんは、日本大使や総領事の公邸に住み込んで家族の一員のようになって働くことができるためです。」この話をすると、タイのお客さん達は、目を輝かせて喜んでくれた。

クーデター指導者との驚きの出会い

一〇月一〇日にスラユット内閣が発足するのと並行して、ソンティ陸軍司令官を初めとするクーデター指導者は、政治の実権を、それまで自分達が構成していた「民主改革評議会」から新政権に委譲した。そして自分達の組織を「国家安全保障評議会」に改称した。新しい評議会は、一般的な行政の権限は持たないが、閣僚を罷免する権限という、最後の一線だけは維持していた。いわば、新政権に対する「お目付け役」になったわけである。

他方、私は、閣僚表敬と招宴の第二ラウンドで、かなり汗をかいたこともあって、何かリクリエーションをして英気を養いたい気分になった。そこで、バンコックの老舗のスポーツクラブである「ロイヤル・バンコック・スポーツ・クラブ」に入会しようと思い立った。入会する費用はポケットマネーで負担する額としては安くはないが、とにかくバンコックの中心地で大使公邸の近くに、広大な競馬場兼ゴルフ場（少しコースは短いが）が有るのは魅力的だった。

しかし、このクラブはなかなか敷居が高い。外国大使といえども、クラブの新会員審査委員会の審査を通らなければならない。私は、一一月六日に呼び出されて、クラブの会議室に行った。他にも候補者が三人ほどいたが、私は最後に着いたので、列の最後に並んで、審査会場に入った。そして五人の審査委員の前に立って、何気なく隣の候補者を見ると、何とクーデターの指導者のソンティ陸軍司令官だった。私は、タイに着任してから間もなくソンティ陸軍司令官を表敬訪問していたので、お互いに顔見知りであった。

入会審査は、形だけのもので、特に難しい質問はなかった。審査会場を出た後、私は、ソンティ陸軍司令官に、このクラブでどんなスポーツをされるつもりかと質問した。ソンティ将軍は、テニスをやりたいと思っていると答えた。クーデターの直後には毎日テレビに登場していたソンティ将軍は、かなりいかつい感じであったが、現在は新政権に行政の責任の大半を任せたせいか、柔和な表情に戻っていた。

因みに彼は、イスラム教徒である。タイは、国民の大多数が仏教徒の国だが、約四％の国民がイスラム教徒である。その多くがタイ南部のマレーシアとの国境近くの四つの県に住んでいるが、その他の地域にも散在している。首都バンコックや、その近くの歴史的な都市であるアユタヤにもイスラム教徒のコミュニティがある。これらのイスラム教徒は、アユタヤ諸王朝時代にイスラム諸国から移り住んだ人達の子孫で、いわばエリートのイスラム教徒である。ソンティ陸軍司令官もその一人である。

いずれにしても、クーデターの指導者がそのひと月半後にスポーツクラブへの入会審査を受けるというのは、いかにものどかな光景だ。九月のクーデターが「イチかバチかの命がけの勝負」ではなかったことを物語っているような気がする。また、ソンティ将軍を初めとするクーデター指導者達は、新政権に新憲法の制定や親タクシン勢力排除などの多くの難題を「丸投げ」して、自分達は背後で新政権のお手並み拝見という姿勢をとっていたことを示すものかも知れない。

チュラポン王女殿下のご来訪

タイでは、クーデターが発生しても、王室関係の行事は何事もなかったかのように進められる。国王王妃両陛下の末娘であられるチュラポン王女殿下の日本ご訪問も、クーデター前に予定されていた通り、一一月中旬に行われることになった。私は、そのご訪日前に大使公邸にお出まし頂きたいと願い出ていたところ、一〇月二六日においでいただくこととなった。

チュラポン王女殿下は、国際的に著名な生化学の学者である。東京大学で半年ほどご研究なさったこともあるなど、日本の学界とも深いつながりをお持ちである。この時のご訪日は、一一月中旬に沖縄で開催される生化学分野の国際学会で基調講演をなさることが主目的であった。

通常、公邸での晩餐会に先立って、私は、主賓の関心分野についてある程度勉強して準備する。主賓として来られるのは、政治家とか政府の役人、経済界の有力者、ジャーナリスト或いは社会科学分野の学者が多いので、通常は準備するのにそれほどの苦労はない。しかし、自然科学分野の学者の方との会話の準備は、通常こちらに基礎知識がないだけに、容易ではない。特に相手が王族となれば、そう素人っぽい質問をするわけにもいかない。この晩餐会の準備の勉強は困難なものであった。

幸い、王女殿下が薬草の専門家であられることがわかって、タイのハーブなどについて予め多少勉強しておいた。晩餐会の場では、ハーブのことなどを中心に王女殿下からお話をうかがった。私は、必死になって殿下のお話を理解しようとしたが、正直に言って、お話の半分程度しか理解できなかったような気がする。

そして、晩餐会が終わる頃には、私は疲労困憊していた。そのため、恒例の記念写真撮影についても、すっかり忘れてしまって、お願いすることもなく終わってしまった。

タクシン氏の「遺産」・バンコック新国際空港

話は少し前に戻るが、九月一九日のクーデターでタクシン氏が首相の地位を追われた直後に、タクシン氏が首相時代に手がけてきた大きな事業の幾つかが結実した。一つは、バンコックの新しい国際空港である。バンコックの国際空港としては、ドン・ムアン空港という、三〇年以上前に日本の円借款を使って建設された空港がある。ドン・ムアン空港は、最近シンガポールのチャンギ空港を抜いて、東南アジア最大の航空輸送のハブとなっており、そのため空港の施設が満杯となってしまっていた。

バンコックに新しい国際空港を建設する計画はかなり以前からあり、一九七三年には既にバンコックの東方約三〇キロメートルの場所に、成田空港の五倍もの土地が確保されていた。この計画は、以後様々な紆余曲折を経たが、一九九六年に新空港建設株式会社が設立された。タクシン氏が首相に就任した後に、この新空港の建設事業が開始された。この事業にも日本の円借款が供与された。

タクシン氏は、この新空港建設事業に深く関与した。世界一の空港を作るというのがタクシン氏の願いであった。例えば、空港の管制塔については、それまでクアラルンプール国際空港の管制塔が世界一の高さを誇っていたが、タクシン氏の指示により、新空港の管制塔は、それより一メートル高いものとなったと言われる。また、空港ターミナルの大きさも世界一とのことであり、お陰で乗降客は、空港ビル内で長距離を延々と移動することを余儀なくされることとなった。

また、タクシン氏は、空港の売店の選定にも関与したのではないかと言われている。空港の開港後、広大な空港内の全ての販売スペースは、K社という会社に一括してリースされた。全ての店やレストランは、K社からサブリースせざるを得ないことになっている。この点については、スラユット政権下で、K社はタクシン氏又はその側近と特別の利害関係があるのではないかと追及された。

いずれにしても、「スワナプーム国際空港」と命名された新空港は、タクシン氏のペット・プロジェクトであり、同氏の首相在任中における熱の入れようは大変なものであった。従って、同氏がこの年の九月二八日に予定されていた開港式を心待ちにしていたことは想像に難くない。ところがその直前の九月一九日にクーデターが起こってしまった。タクシン氏としては、鳶に油揚げをさらわれた気分であったろう。

クーデターが発生したので、新空港の開港がどうなるか心配されたが、これは予定通りの日程で行われた。開港前には様々なトラブルが予想されていたが、実際に開港してみると、幸い全体的に見てスムースな営業開始であった。勿論、どこの新空港開始時にもありがちな荷物の遅れ等の問題は多少あったが、殆どの問題が一週間以内で解決された。円借款を供与した日本側関係者としても、胸をなでおろした。

チェンマイ国際園芸博覧会

もう一つのタクシン氏の「遺産」は、タイ北部の中心都市であるチェンマイで開催された国際園芸博覧会である。チェンマイは、タクシン氏の生まれ故郷でもある。タクシン氏の祖父は、中国からタイに移住してきた人物であるが、その子であるタクシン氏の父親の代には、チェンマイで最大の絹製品の販売店を営むまでになった。現在でも絹製品販売店「シナワット」はチェンマイの郊外に大きな店を構えており、毎日多数の日本人観光客も訪れている。

タクシン氏は、チェンマイで国際園芸博覧会を二〇〇六年一一月一日から三ヶ月間開催する計画を首相在任中に進めていた。文字通り「故郷に錦を飾る」ことを意図したものであろう。しかしこの博覧会も、開会式予定日の約五週間前である九月一九日にクーデターが起こったため、タクシン氏自身が訪れることはなかった。

なお、この博覧会には我が国も協力することになっており、私の着任直後から、日本庭園の専門家等がチェンマイを訪れて、出展計画を練り始めた。日本からは、日本政府提供の和風庭園、兵庫・大阪・京都三府県共同提供の和風庭園、愛知県提供の花卉展示、それにトヨタ自動車の環境関連展示と四件の出展が行われることになった。他の国はせいぜい一件の展示を行っただけであり、日本の積極的な貢献が大いに目立ち、またタイ政府側からも高く評価された。特に日本政府提供の和風庭園は、築山と池（何となく熊本市の水前寺公園に似ていた）、それに東屋を配した本格的な日本庭園であり、二階経済産業大臣（当時）の支援で二千年の昔からよみがえった大賀蓮をその庭園の池に植えることができたこともあって、大変な人気を博し、全出展事業の中で最高賞を獲得した。

なお、この和風庭園の評判はタイの王室にまで伝わったようであり、一二月の末近くになって、突然ワチラロンコーン皇太子殿下が夫人のシーラット妃殿下そしてティーパンコン王子殿下とともに、和風庭園を訪問されるとの連絡が入った。またその際に両殿下は庭園内の東屋で「茶の湯」の体験も希望しておられるので準備して欲しいとの依頼もあった。私は、急遽、バンコック在住の日本人でお茶の師範であるB夫人にお願いして、一緒にチェンマイに飛んでもらい、その和風庭園で皇太子殿下ご一家をお迎えした。

皇太子殿下ご夫妻は、先ず和風庭園を興味深げにご覧になった後、茶の湯の席に臨まれた。皇太子殿下とシーラット妃殿下は、熱心に茶の湯の師匠のお手前に見入っておられたが、二歳に満たないティーパンコン殿下は、皇太子殿下の膝の上から離れてよちよち歩き出し、ぐらぐら煮えているお茶の釜の前まで来たので、周りで見ていた私たちは、幼い殿下がやけどするのではないかと、はらはらした。ようやくお供の養育係と思しき人が殿下を抱きかかえて連れ戻したので事なきを得たのだが。タクシン氏の「遺産」は、このように思いがけないエピソードを残すことになった。

日タイ修好一二〇周年記念行事

タクシン氏の「遺産」というわけではないが、同氏が首相在任中に実施が決定された日・タイ間の事業として、日タイ修好一二〇周年記念行事がある。日本とタイの外交関係は、一八八七年九月に日本の青木周蔵外務次官とタイのテーワウォン・ワロンバガーン親王が日タイ修好宣言に署名した時に始まった。二〇〇七年は、その一二〇周年に当たる。日タイ間の外交関係は、アジア諸国の間の外交関係の中で、最も古いものである。また日本の対外関係の歴史の上でも、日タイ間の外交関係は、一二〇年もの長い間一貫して友好的な関係であったという点で、特筆すべきものである。

二〇〇五年九月にタクシン首相が訪日した際に、当時の小泉首相との間で、二〇〇七年に日タイ修好一二〇周年記念行事を行うことで合意した。これは官民合同で行うこととされ、日本側では、「日タイ修好一二〇周年記念事業実行委員会」が設立された。その委員長には、日本経団連の日タイ貿易経済委員会の委員長を務めるなど、日タイ経済関係において枢要な役割を果たして来た安居祥策氏に就任していただいた。

日本の外務省としても、この一二〇周年記念行事の重要性は深く認識して、積極的に取り組んでいたが、予算としては、このために特別な枠を確保していたわけではなかった。このため外務省を初め日本側関係省庁は、既存の予算の中から、色々と工面してこの記念行事用の費用を捻出した。安居委員長は、タイと密接な関係にある多数の日本企業を自ら訪問して、この行事のための資金の拠出等の働きかけを行った。こうした安居委員長の並々ならぬ努力の結果、日本の民間側では、想定していた以上の規模の基金が出来上がった。日本側の各種の民間団体の発意による様々な記念行事に対して、この基金から補助が行われ、記念行事が質量ともに豊かなものになった。二〇〇七年の間に日本の官民が実施した記念行事は二四〇件に上ったのも、安居委員長の献身的な努力の賜である。

他方、タイ側としてもこの記念行事の重要性は十分に認識していた。しかし、そのための政府の予算確保には、大きな障害が生じた。前述の通り、二〇〇六年二月にタクシン首相が国会を解散し、総選挙が行われた。野党の選挙ボイコットもあって、与党のタイ愛国党が圧勝したが、選挙直後にタクシン首相が首相職から離れたため、タイの政府は暫定内閣となった。その後五月中旬にタクシン氏が暫定首相として返り咲いたが、政府は引き続き暫定内閣とされた。また、やり直し総選挙の日程が確定しなかったため、国会も存在しない状態が続いた。この結果、次年度予算を作ることができなくなり、タイ政府は、二〇〇六年一〇月に始まる二〇〇七会計年度に、二〇〇六年度と同じ予算を使うこととなった。つまり、新年度には新規予算はゼロということになったわけである。従って二〇〇七年度の新規事業であるこの記念行事のための予算もゼロとなった。我々日本側としてはガッカリしたが、タイ政府としても如何ともしがたいことであった。

ところが、九月一九日のクーデターの発生は、思いもかけない「恩恵」を日タイ修好一二〇周年記念行事にもたらした。クーデター後に任命制の議員による国会が設立されたため、タイ政府は新年度予算案を作成することが可能になったのである。タイ政府は、新年度予算の中に、この記念行事用の予算を計上してくれた。それも政府の関係省庁それぞれに、数千万バーツ（一バーツは三円程度）という多額の予算をつけてくれたのである。この結果、翌二〇〇七年にタイの各省庁は、様々な記念事業を実施した。

例えば、農業・協同組合省は、日本の天皇陛下が皇太子であられた時代にタイに贈呈された「ナイル・ティラピア」（タイでは「プラー・ニン」と呼ばれている）についての展示会を行うとともに、その魚についての本を発行した。この魚は、現在ではタイで最も一般的な食用淡水魚となって、タイの庶民の食卓をにぎわしている。また、観光スポーツ省は、日本とタイの高校生にそれぞれ相手の国を訪問してもらい、そこで自分達が強い関心を持った情景を撮影したビデオ番組を作るという交流事業を実施した。

このように、二〇〇六年のクーデターは、思いがけない形で日タイ修好一二〇周年記念の動きを盛り立てる結果となった。

7. 治安問題

バンコックの連続爆破事件

一五年ぶりのクーデターが発生した二〇〇六年も年末を迎えた。大晦日、私は、波乱の多い年だったが、何とか平穏に年を越せそうだと思いながら、妻とともにバンコックの中心街であるスクンビット通りに面したホテルのレストランで夕食をとっていた。食事の途中で、大使館の領事担当者から携帯電話で連絡が入り、バンコックで連続爆破事件が起こっているとのことだった。私たちは、これはのんびりしていられないと、食事を急いで切り上げて、大使公邸に帰った。

爆発は、先ず午後六時頃から約一時間半の間にバンコック都内とその近隣の合計六ヶ所で次々に起こった。その後零時過ぎに、世界一の規模といわれるショッピングモールであるセントラル・ワールドの付近の二ヶ所で爆発があった。その内の一ヶ所は、私達が夕食をとったホテルのすぐ近くであった。八件の爆発のあった場所は、いずれも通常は大晦日から元旦にかけて多数の人々が集まる場所である。

最初の一連の爆発を受けて、零時直前からセントラル・ワールドの前の道路で予定されていた新年のカウントダウンの行事が中止された。もしこの行事が行われていたら、数十万人がそこに集まっていたので、零時過ぎに起こった爆発により大パニックが発生し、多数の犠牲者が出ていた可能性がある。

最初に発生した戦勝記念塔での爆発などで三人のタイ人が命を失った。負傷者は少なくとも三八人に上った。負傷者の内に一〇人ほどの外国人が含まれていたが、日本人の被害者はいなかった。しかし、この事件の発生は、私達日本大使館員に大きなショックを与えた。それは、ついにタイ南部のイスラム過激派勢力がバンコックで破壊活動を開始したのではないかと考えたからだった。これは、私の着任以来の悪夢だった。

タイ南部イスラム過激派問題

日本では余り知られていないが、マレーシアとの国境近くのタイ南部の三つの県（ナラティワート県、ヤラー県、パッタニー県）では、二〇〇四年初めからイスラム教徒過激派によるテロ事件が年間平均二〇〇〇件近く発生しており、このために二〇〇九年一月までに、三三〇〇人近くが犠牲になっている。タイ政府は、懸命に対策を講じているが、解決の見通しは立っていない。こうした事態の背景には、この地域では全住民の四分の三を占めるイスラム教徒が、仏教徒が全体の九割以上を占めるタイ社会の中で、正当に扱われていないという不満を抱いていることがあると言われる。更により直接的な契機として、タクシン氏が首相時代に強引な手段で取り締まりを行ったことに対して、イスラム過激派グループが強く反発したことが指摘されている。

最も良く知られているケースは、二〇〇四年一〇月にタイ南部のナラティワート県タクバイ町で発生した事件である。その町で発生した騒擾事件の容疑者として陸軍に逮捕された数百人の若者が後ろ手に縛られたまま、トラックに五〜六層に積み重ねられ、隣接のパッタニー県の陸軍基地まで約五時間にわたり輸送された。その間に七八人が圧死あるいは窒息死した。この事件について、当時のタクシン首相は、当初、陸軍を全面的に弁護し、「その人達が死亡したのは、ラマダンの断食で衰弱していたためだ。」などと発言した。その後、これに係わった陸軍軍人の責任追及が行われたが、結局名目的な処分が行われただけだった。なお、スラユット氏は、首相就任直後の二〇〇六年一一月初めに「タクバイ事件」についてタイ政府としての陳謝の意を表明したが、南部のテロ事件はその直後に却って数倍に増加しており、スラユット氏の努力もイスラム過激派側の怒りを鎮めるには至らなかったようである。

〈コラム〉イスラム教徒・スリン元外相

日本大使館は、従来からタイ南部のイスラム過激派問題を懸念を持って見守ってきた。この問題が将来タイ全体の政治的安定や治安を揺るがしかねないからである。この問題の根源の一つとして、南部のイスラム教徒の若者が職を見つけることが困難なことが指摘されている。その背景には、イスラム教徒の青少年が通っているイスラム学校では、仕事に役立つような実用的な教育を十分に受けることができない傾向があると言われる。このため、こうした地域では、実用的な学科を教える学校の拡充が望まれている。日本大使館は、援助の一つの形態である「人間の安全保障・草の根無償援助」を活用して、この面でのタイ側の努力を支援してきている。

スリン元外相（現ASEAN事務総長）と山田長政の記念碑の前で。

　私が着任して間もなく、そのような事業の一つが完成した。イスラム教徒で元外務大臣のスリン・ピツワン博士の一族が、その出身地のナコン・シ・タマラート市でイスラム教徒の青少年のための中・高等学校を経営している。日本大使館は、その学校の新校舎の建設を無償援助で支援した。その完成式が二〇〇六年三月二日に行われて、私も招待されて出席した。私達をスリン博士とともに歓迎してくれた数百人の女生徒が「ヘジャブ」(イスラム教徒の女性が頭髪を隠すために被るスカーフ)を被っていたのは、タイでは稀な光景であった。生徒の多くは、イスラム教徒が多いタイ南部三県の出身で、学校付属の寮で生活している。完成したばかりの校舎は、三階建てで、学習用コンピューターや語学用ラボを設置する部屋が含まれていた。私は、こうした施設が十分に活用されて、イスラム教徒の若者が職を得るための能力を身につけることを願った。

スリン博士は、大柄で一見「スマトラの大人《たいじん》」といった風格の人物である。長い間米国の大学で教鞭をとってきたこともあって、卓越した演説家である。同時に大変ユーモアに富み、常に笑みを絶やさない人物でもある。かねてから国連において幾つかの諮問会議の有力メンバーとして活躍し、高い評価を得ていた。二〇〇六年の国連事務総長選挙に先立って、アジアからの候補としてスリン博士を推す声もあったが、スリン博士が民主党員であったこともあって、時のタクシン首相は、スラキアット副首相を候補者として強く推薦した。私がタイに着任した直後から、公式の場ではタイ政府の高官がスラキアット副首相に対する日本の支持を私に働きかけてきた。しかし、非公式な場でタイ側関係者が私に漏らした同副首相についての評価は、余り前向きなものではなかった。

二〇〇六年一〇月初めに予定されていた国連事務総長選挙の直前の九月一九日に、タイでクーデターが起こり、タクシン氏が首相の座を失ってしまった。私は、もしかするとタイの候補者がスリン博士に入れ替わるのではないかと思ったが、クーデター指導者達が構成する「民主改革評議会」は、対外政策の一貫性を強調する中で、国連事務総長選挙についてのタイの立場も変わらないと発表した。一〇月二日に国連で行われた第四回予備選挙の結果、潘基文韓国外相の当選が事実上決定し、タイのスラキアット候補は、その前の段階で惨敗してしまった。私は、その当時タイが民主党政権であったならば、タイから国連事務総長が出ていた可能性が高いのにと、残念に思わざるを得ない。

なお、スリン博士は、その後二〇〇八年初めに、ＡＳＥＡＮの事務総長に就任した。ＡＳＥＡＮ諸国は、二〇〇七年一二月に同組織の憲法とも言うべきＡＳＥＡＮ憲章を採択してその結束を一層高め、それに伴って事務総長の権限も強化された。スリン博士は、ＡＳＥＡＮ史上最初の政治家出身の事務総長として、活発な活動を展開している。

難航する捜査

話をバンコックの連続爆破事件に戻すと、それまでイスラム過激派関連のテロ事件は、タイ南部三県に限られており、その他の地域では殆ど発生していなかった。しかし、二〇〇六年大晦日のバンコックでの連続爆破事件の発生は、南部のテロ事件がついに首都にも波及したのではないかとの不安を、私を含め多くの人に抱かせた。特に、この事件では、短時間の間に多数の爆発が発生したことから、かなり大きな組織が動いている可能性があると思われた。

しかし、スラユット首相は、事件発生直後に、この事件は南部イスラム過激派によるものではなく、「旧勢力」の仕業であると発言した。タクシン派からなるタイ愛国党、及びタクシン氏自身は、自分達はこの爆発事件に何ら係わっていないとの声明を出した。スラユット首相もその後、自分の事件直後の発言は、当時の情報当局の分析に言及したものに過ぎないと説明した。

タイ警察によるこの事件の捜査は難航した。八件もの爆発があり、かなり証拠となる物も残されていたようだが、何故か捜査ははかばかしい進展を見せなかった。事件の直後に、現場で掃除夫が証拠となるべき物件を片付けてしまうのを警察側が制止しなかったと批判する人もいた。バンコックでの世論調査によると、この爆発は、クーデター実行者側が自分達の支配を正当化するため、或いは親タクシン派勢力に非難の矛先を向けるために、自作自演で行ったものだと考えている人も少なくなかった。

二〇〇七年一月二〇日に警察はこの事件に関与した疑いで一五人の陸軍軍人を拘留した。その中には、ソンティ国家安全保障評議会議長に近い軍人も含まれていた。クーデター指導者により構成される国家安全保障評議会関係者は、この警察の行動に不満の意を示し、同評議会独自の捜査を行うことを示唆したが、警察側が証拠を提示したため、独自の捜査は思い止まった。しかしソンティ議長は、拘留された陸軍軍人は無実だと信じると発言した。

このように、大晦日連続爆弾事件の真相解明は容易に進まなかった。種々の情報を総合すると、爆弾の材料や製造方法は、南部イスラム過激派が用いているものと共通点が多いため、同過激派が「技術面」で関与していた可能性が高いと思われる。しかし首謀者が誰であるかについては、結局解明されずに終わった

秋篠宮殿下タイ御訪問計画と治安状況予測の責任

このようにバンコックでの治安の悪化が懸念される中で二〇〇七年がスタートした。このことは私にとって色々な意味で頭の痛いことであった。勿論治安の悪化は、タイ全国に四万人、バンコックだけでも三万人（いずれも大使館に提出された在留届けによる）に上る在留邦人、及び年間一二〇万人前後に上る日本人旅行者の安全にとって深刻な問題である。その上、この年の三月には秋篠宮殿下のタイご訪問が検討されていた。ご訪問の際の安全を確保する上で少しでも不安があれば、ご訪問をお願

いすることは控えなければならない。加えて、私的なことであるが、一月の末には、私の高校の同窓生の夫妻約四〇人が私を「激励」してくれるためにタイを訪問することになっていた。この人達にどうアドバイスすれば良いだろうか。

色々考えた末、高校同窓生の一行には、爆発事件はあったが、バンコックの治安全般が悪化しているわけではないので、こちらに来ても大丈夫と伝えた。この結果、数組の夫婦がタイ訪問を断念しただけで、大部分の人達が予定通りやってきてくれ、私を感激させた。一行が開いてくれた「激励会」では、私から「日本外務省広しと言えども、多数の高校同窓生が激励に来てくれる大使は他にいないと思う。」と言って深い感謝の気持ちを伝えた。一行も、私が何とかやっている様子を見て安心したようだった。

当然のことながら秋篠宮殿下のご訪問については、更に慎重な考慮を必要とした。東京サイドでもタイの治安情勢には、懸念を持っているようだった。秋篠宮殿下随行予定者の中心の方から「計画通りタイを訪問するかどうかは、大使の判断にお任せします。」という意向が伝えられた。こうなると私の責任は重大である。大使館の政務部や領事部とともに全力で治安関連情報の収集に当たった。その結果、治安情勢がこれ以上大幅に悪化することはなさそうだとの見通しは得た。しかし、いまひとつ大丈夫だとの確信を得るまでには至らなかった。

私は、最後の手段として、国王陛下に極めて近い方に助言を求めることにした。勿論、その人の立場上、タイの治安に不安があることを認めることはないだろう。しかし、その答えかたの中に、何らかの決め手となるヒントがあるかも知れないと私は思ったのだ。その人の回答は、明快だった。「あなたは、全く心配するに及ばない。タイ政府は、秋篠宮殿下一行の安全を保証できる。」その言葉の中に、何らのためらいの色もなかった。私は、直感的に「これなら大丈夫だ。」と感じた。そして東京に対してゴーサインを出した。

秋篠宮殿下は、二〇〇七年三月一四日から二二日までタイを訪問された。その間、プーミポン国王陛下とのご会見、「野鶏の家禽化」に関するシンポジウムご出席、チェチェンサオ県での野鳥等のご視察、キングモンクート工科大学での名誉博士号授与式ご出席等、多彩な行事にご参加になり、タイの王室はじめ各界の人々との親交をお深めになるとともに、かねてより携わっておられるご研究を進められた。幸いなことに、その間、治安上の問題は何も生じなかった。

8. 日タイ経済連携協定署名問題

日タイ経済連携協定の遅れ

先に、タクシン氏が首相時代に残した遺産として、スワナプーム国際空港とチェンマイ国際園芸博覧会に触れたが、タクシン氏は、日本とタイの関係の上でも大きな遺産を残した。それは、日タイ経済連携協定である。この協定は、単に貿易の自由化だけでなく、投資、サービス、人の移動、知的所有権、政府調達、競争、諸分野の二国間協力、紛争解決等の幅広い分野で両国間の経済関係を飛躍的に強化しようとするものである。我が国は、従来からこの種の協定をできるだけ多くの国と締結するように務めており、二〇〇七年三月までに、シンガポール、メキシコ、マレーシア及びチリと同様の協定を締結していた。

前述の通り、タイとの間では、タクシン政権下の二〇〇二年の五月に交渉が始まり、二〇〇六年の初めには、協定の内容について両国政府で合意が成立していた。この協定は、タイ側では、タクシン首相の「鶴の一声」で進められていた感がある。というのは、タイのような世界最大のコメの輸出国と日本が貿易自由化を含む経済協定を結ぶのは、極めて難しいことであるが、タクシン首相が早い段階でこの協定の対象からコメを除くことに踏み切ったために、両政府はこの協定の交渉を進めることができたものである。

なお、二〇〇六年以降、タイを含むASEAN諸国と韓国との間で、FTA（自由貿易協定 Free Trade Agreement）を結ぶための交渉が行われた。その際タイは、コメの輸入について韓国側の譲歩を求めたが、韓国側がこれに十分に応じなかったため、タイだけがASEAN・韓国FTAへの署名を拒否した。韓国側がタイ側に対して、「日本との経済連携協定ではコメを対象から外しておきながら、韓国に対してはコメの輸入について譲歩を要求するのはひどいではないか。」と苦情を言ったのに対し、タイ側は平然として「タイにとって日本は特別だ。」と答えたとのことである。

いずれにしても、タクシン首相のコメについての英断がなければ、日タイ経済連携協定は、一歩も前に進まなかっただろう。言い換えれば、タクシン氏ほどの豪腕の政治家でなければ、タイがFTA交渉でコメを諦めるというような決断はできなかったであろう。

なお、この協定案の大筋合意が成立したのは、二〇〇五年九月にタクシン首相が訪日した時であった。この訪日の際の交渉について、後にタクシン氏は私に次のように語った。「あの協定について合意を作るのは簡単だったよ。両方の国の担当大臣を一つの部屋に入れて、外からカギをかけてしまった。そして、『両方で合意しない限り、お前たちを外に出してやらないぞ。』と言ったんだ。そうしたら両方とも必死になって解決策を探したよ。」勿論これは、タクシン氏一流のユーモアと誇張であるが、いずれにしてもタクシン氏がこの協定を「自分のプロジェクト」と考えてきたことは間違いない。

この協定の内容については、前述の通り、二〇〇六年の初めの段階で、両国政府の間で合意に達し、後は署名するばかりとなった。しかし、その年の二月にはタイの国会が解散され、四月に総選挙が行われたが、その直後にタクシン氏が首相の職から離れた。五月に首相代行として復活したが、内閣は、やり直し選挙までの暫定内閣ということになってしまった。

日本側としては、日タイ経済連携協定をできるだけ早く署名・批准したいと考えていたが、タクシン氏としては、当面その協定に署名するのは適当ではないとの考えであった。その理由の一つは、当時の内閣が暫定内閣であったことがある。それに加えて、その頃、米国とタイの間の自由貿易協定（FTA）交渉が大もめにもめていたことが挙げられる。

荒れた米タイFTA交渉

タイは米国との間でも二〇〇四年六月以来、自由貿易協定（FTA）を結ぶための交渉をしていた。タイ側にとっての最大の問題は、金融サービスの自由化であった。タイ側の多くの人が、この分野が自由化されると、小さなタイの銀行などは、米国の巨大金融資本にあっという間に飲み込まれてしまうだろうと恐れた。また、欧米諸国と同様、タイにもFTA恐怖症のような人達がいる。この人達は、頭からグローバリズム反対で、FTAは全て悪だと決めてかかっている。こういう人達も米タイ自由貿易交渉に強い反対を唱えていた。

このため、タイと米国の間でFTAについての交渉が行われた時には、決まって多数のデモ隊が押し寄せて、協定反対の気勢をあげていた。この結果両国政府は、交渉場所をバンコックからチェンマイのホテルに移さなければならなくなったが、そこにも多数の反対派が押し寄せてきて、協議会場のホテルになだれ込む始末であった。その時交渉に参加していた駐タイ米国大使も、ホテルの裏口から脱出しなければならなかった。こうして、タイ・米国間のFTA交渉を進めることは、物理的にも不可能になってしまった。

日タイ経済連携協定もタイでは一般にFTAと理解されていたため、タクシン氏としては、日タイ経済連携協定を署名して、ただでさえ動揺しているタイの内政において、「火に油を注ぐ」ようなことはしたくないと考えたのであろう。日本側としては、協定署名が遅れるのは不本意ではあるが、こうしたタクシン氏の意向を受け入れざるを得なかった。

日本との協定は？

こうした中で、九月一九日のクーデターが発生したわけである。クーデター発生後私が懸念したことの一つは、日タイ経済連携協定がどうなるかということであった。スラユット氏は首相就任後、「外国政府との間の約束（コミットメント）は守る。」と発表したが、同時に「全てのFTA交渉は停止する。」とも述べた。また既に述べた通り、日タイ経済連携協定は、いわばタクシン氏のペット・プロジェクトであり、またタクシン氏の主要な業績の一つとも言える。クーデター後、何事につけても「タクシン的なもの」を払拭しようという気運が高まった中で、スラユット政権は、日タイ経済連携協定を継承するだろうか。また新政権は、単に継承するに止まらず、タイ国内の一部にある強いFTA反対派を抑えて、署名・批准にまで持ってゆく意思があるだろうか。

私は、スラユット内閣の外務大臣、商業大臣等の閣僚への表敬訪問をした際に、この点について確認してみた。いずれも、「新政府は外国との間の約束は守る。」という方針を引用して、日タイ経済連携協定も継承するという立場を私に伝えた。しかし、私には、これらの閣僚は単にタイ政府の公式なコメントの繰り返しているに過ぎないように感じられ、本当に一部の強い反対意見を押し切って署名・批准する決意があるのかどうかは判らないというのが私の正直な感想であった。

幸運なスラユット首相の訪日計画

このような不透明さを吹き飛ばしてくれたのが、スラユット首相の日本訪問計画であった。話は少し飛ぶが、バンコックの新国際空港、スワナプーム空港の近くにキング・モンクット・工科大学（KMIT）がある。これは、四〇年も前に日本政府の技術協力の下に設立されたノンタブリ電気通信訓練所が発展して出来た大学であり、現在では、チュラロンコーン大学工学部と並ぶタイでは最高水準の工学系大学となっている。新首相のスラユット氏は、首相就任前からこの大学の総長であった。

ＫＭＩＴの教育・研究水準は、日本の大学とも肩を並べるくらいになっているので、ＫＭＩＴは、いくつかの日本の大学と協定を結んで、交流活動を行っている。東海大学もその一つで、ＫＭＩＴとの間で活発に教授や学生の交換を行っていた。その東海大学が、スラユット氏に対して名誉博士号を授与することになっており、そのために同氏が二〇〇七年の三月から四月頃に訪日することが、これも同氏の首相就任前から両大学の間で決まっていた。

スラユット氏は、首相就任後も同大学総長の地位を保つとともに、訪日も実行する意向であった。私は、これを知って、クーデター後のタイの政権と日本との間の関係を強固なものにする上で、またとないチャンスだと思った。

従来のタイにおける確立した慣行として、タイの新首相は、就任後先ずＡＳＥＡＮ諸国を訪問する。その後でどの国を訪問するかが、新政府の対外的な優先順位を示すことになる。前に述べた通り、スラユット政権成立直後、タイは、中国に急傾斜するように見えたが、浅野外務副大臣のタイ訪問を機に、日本との関係にも積極的な姿勢を示すようになった。しかし、日本側の一部においては、スラユット政権については「クーデター勢力によって作られた政権」との印象が依然として強く、かなりのわだかまりが残っていた。

ここで、スラユット首相がＡＳＥＡＮ諸国以外の最初の訪問国として日本を訪問することになれば、新政府の日本重視の姿勢を示すものとして、スラユット政権に対する日本側のわだかまり解消にも大いに役立つのではないかと期待された。幸い外務本省の関係者も努力してくれて、スラユット首相が訪日する際に、公式な日本政府の招待者としての扱いは出来ないにしても、天皇皇后両陛下拝謁、安倍総理との会談と夕食会はアレンジできることが決まった。いわば半公式的な訪問となったわけである。こうなるとなおさらのこと、タイ政府にとって、訪日の成果が必要となる。そして、その際当然のこととして浮かんできたのは、日タイ経済連携協定の署名であった。

タイ国会での協定審議

こうして二〇〇七年の二月には、タイ政府は、真剣に日タイ経済連携協定の署名の準備に入った。そこで問題となったのは、この協定案をタイの国会の審議にかけるかどうかという点であった。従来のタイの憲法の規定上、自由貿易協定は、国会の審議にかけることなくタイ政府が署名することができるというのがタクシン政権を含む従来のタイ政府の立場であった。

しかし、前述の通り米タイＦＴＡ交渉が大荒れに荒れたばかりでなく、二〇〇五年一月に発効した豪州・タイＦＴＡもタイ国会の審議を経なかったために憲法違反であるとして、無効請求訴訟が裁判所に提起されていた。更に、二〇〇三年一〇月一日から実施されているタイと中国の間の「部分的Ｆ

TA」の結果、中国の安い農産品がタイに大量に流入して、タイ北部の農民が深刻な被害を受けているとの批判も行われていた。こうして、この頃タイでは全てのFTAに問題があると見方が広まっており、またFTA締結には国会の承認を条件とすべきだとの主張が国会の内外で行われるようになっていた。

このような中で、スラユット政権は、日タイ経済連携協定案を国会の審議にかけるが承認は求めないとの方針を固めた。これは、国会で同協定案を議論させて、反対派の「ガス抜き」をするが、FTAは国会の承認なしで政府の専権で締結できるというタイ憲法上の政府の権限を守ろうとするものであった。こうしてタイ政府はスラユット首相訪日に先立ち、同協定案を国会に提出した。

この頃、日タイ経済連携協定に対する反対論者は、大きく分けて二つのグループからなっていた。一つは、同協定により有害廃棄物に対する関税も撤廃されるので、日本から多量の有害廃棄物がタイに輸出されるようになると主張するグループである。因みにこうした主張は、日本がフィリピンなど他の外国と交渉していた経済連携協定についても行われていたものである。しかし有害廃棄物の輸出については、所謂「バーゼル条約」で厳格な規制が行われており、例えば有害廃棄物は、輸入国側の書面による同意がない限り、輸出してはならないことになっている。従って、経済連携協定が有害廃棄物の輸出を増大させるという主張は根拠がないと言える。

第二の反対論は、微生物の特許に関する問題であった。タイでは「天然に存在する微生物」は特許による保護の対象とならないが、日タイ経済連携協定によって、日本からの出願に特許を与えなければならなくなるので、日本の企業などがタイの有用な微生物を特許で囲い込んでしまうであろうという懸念である。ところが、既にタイは、世界貿易機関（WTO）協定の付属書である「知的所有権の貿易関連の側面に関する協定」（TRIPS協定 Agreement on Trade-Related Aspects of Intellectual Property Rights）で、「天然の微生物」に特許を認めることを受け入れている。従って日タイ経済連携協定上の天然の微生物に関する規定は、すでにタイが受け入れている義務を再確認したに過ぎないものであった。

チャムロン氏の反対

当初「天然の微生物」の問題を提起したのは、微生物に関係する事業者や科学者達であったが、二〇〇七年の二月頃になって、タイの著名な市民運動家であるチャムロン・シームアン氏がこれを強硬に主張し始めた。チャムロン氏は、タイ陸軍で大将にまで昇進したエリート軍人で、プレム現枢密院議長の首相時代の首相秘書官を勤めたこともある。チャムロン氏は、同時にサンティ・アソークという禁欲的な仏教由来の宗教的活動に熱心で、その中心的指導者の一人であり、その面でも大きな影響力を持っている。

同氏は、軍を退役後、一九八五年にバンコック都知事選挙に出馬して勝利した。一九九一年にスチンダ将軍率いる軍がクーデターを起こして、チャチャイ内閣を倒し、翌年五月にはスチンダ将軍が首相に就任し、反対運動にも拘わらず居座ろうとした。当時、都知事を辞してファランダーマ党の党首となっていたチャムロン氏は、敢然と反対運動を起こした。この結果、王宮広場で軍と市民が衝突して、死者四〇名負傷者六〇〇名以上が出た「五月流血事件」事件が発生した。ここで、プーミポン国王陛下がスチンダ将軍とチャムロン氏を王宮に呼んで自制を求めた結果、スチンダ将軍が首相を辞任し、国外に脱出したことにより事態が収拾された。

その後、チャムロン氏は、タクシン氏をファランダーマ党に迎え入れて、彼の政界入りのきっかけを作ることになった。タクシン氏はその後タイ政界でめきめき頭角を現して、外務大臣等を経て二〇〇一年に首相にまで登りつめた。ところがチャムロン氏は、二〇〇五年に至ってタクシン氏の「腐敗体質」を強く非難するようになり、ソンティ氏とともに反タクシン市民団体である民主市民連合（PAD）の中心的指導者の一人となって、公園や街頭での反タクシン活動の旗頭となっていたことは、すでに述べた通りである。

このような人物が、突如として日タイ経済連携協定についての論争に登場してきたのである。彼は、この協定によって日本の企業がタイの有用な微生物について片っ端から特許を取得して、タイ人が自由に使えないようになってしまうのではないかと懸念しているようであった。それまでチャムロン氏は、日タイ経済連携協定には全く関与してこなかったので、この段階で誰かが「吹き込んだ」に違いないと思われた。

ところで、彼が微生物の問題に関心を持つのには、十分な理由があった。前に述べたサンティ・アソークの運動は、菜食主義を提唱するとともに、無農薬・有機栽培農業を推進している。この後で私は、ある友人に案内されてバンコック市内でチャムロン氏が運営するレストランで食事をしたことがある。完全なベジタリアン料理で、豆やキノコなどの植物で、上手に肉や魚を真似て料理を作っていた。無農薬・有機栽培野菜を使っているため、野菜の自然な味が出ていて大変美味しく、しかもいかにも消化に良く、胃腸の負担にならないものであった。このような野菜を作るために、色々な天然の微生物を活用していることは、想像に難くなかった。従ってチャムロン氏は、深刻な危機感を持っていたのだろう。

チャムロン氏が反対の声を上げたとたん、外務省などタイ政府関係者の日タイ経済連携協定に対する姿勢は及び腰になった。タイ外務省のある幹部は、私に対して「チャムロン氏が日タイ経済連携協定に反対を唱えたことは、スラユット首相訪日の際の協定署名にとって大変な障害だ。貴方は知らないだろうが、チャムロン氏の政治的な力はものすごいものだから。」と語った。私が「タイ政府からチャムロン氏に働きかけたらどうか。」と言ったところ、「政府からの説得に耳を傾けるような人ではない。」との返事であった。

幸運な旧友の存在

私も、これは困ったと思った。折角のタイ首相訪日の際に日タイ経済連携協定の署名ができなければ、署名のきっかけが失われてしまい、その後いつになって署名できるか判らない。そうこうしているうちに協定の内容が古くなって、実情に合わなくなってしまう。何とかならないかと思案している内に、頭に浮かんだのが、タイ人元日本留学生で私と同じ大学で同学年だったPさんのことだった。彼女がチャムロン氏に近いという噂を聞いたことがあった。もしかすると彼女が動いてくれるかも知れない。

私は、早速Pさんとコンタクトして、事情を説明した。そして、できればチャムロン氏に対して、次のように説明して欲しいと依頼した。即ち、「日タイ経済連携協定の天然微生物に関する規定は、すでにタイが加盟しているWTO協定付属のTRIPS協定に含まれているものなので、何も新しいものではありません。」と。

Pさんは、「私は、良く分かったけれど、チャムロンさんはとても頑固な人だから、判ってくれるかどうか、自信がないわ。でも、やるだけやってみる。」と言ってくれた。数日して、彼女から私に電話があった。「私からチャムロンさんに貴方が言った通りに伝えました。チャムロンさんは良く聞いてくれたけれど、納得したかどうかは判らないわ。」私は、彼女に深く感謝した。

その後の経過から判断して、どうやらチャムロン氏は納得してくれたようだった。というのは、それ以降同氏は、日タイ経済連携協定について公開の場で全く発言しなくなったからだ。私は、タイ外務省に対して以上のような経緯は全く説明せず、とにかく今回の首相訪日の際にこの協定を署名するよう全力をあげて欲しいと繰り返して働きかけた。タイ外務省担当者は、チャムロン氏が急に黙ってしまったことを不思議に思っていたようだったが、とにかく国会での説明などを頑張ってやってくれた。

紛糾する国会論議

日タイ経済連携協定についてのタイ国会での審議は、冷静とは程遠いものであった。従来のタイの国会は、前年九月のクーデターの後に解散させられたため、当時の国会は、国家安全保障評議会によって任命された議員により構成されていた。しかし、任命された議員によって構成された国会と言っても、「翼賛議会」とは程遠いものだった。前国会議員などの所謂プロの政治家は殆ど含まれていなかったが、多数の学者や官僚出身者が含まれていた。彼らは、特定の政党やイデオロギーに支配されることなく、自由に物を言う人たちだった。

タイの国会の中では、この種の協定を日本と結ぶこと自体に反対を表明する議員はいなかった。これは、殆どの議員がタイにとっての日本との経済関係の重要さを十分認識していたためと思われる。何しろ日本は、海外からタイへの全民間投資の四〇%を投資している国である。また輸出入合わせた貿易額の面でも、タイにとって日本は最大のパートナーである。更に、一九九七年以降のタイの金融危機の時に、国際的な金融支援の旗振りを行い、また自ら最大の規模の支援をしたのが日本であったことは、依然としてタイの多くの人に感謝の念を持って記憶されていた。

しかし、ＦＴＡということになると、俄然色めいてくる人たちが多かった。まず、反グローバリズムの立場から、全てのＦＴＡに反対という人たちが少なからず存在した。また、それまでにタクシン政権下で締結された中国との部分的ＦＴＡ、及び豪州とのＦＴＡがタイにとって不利益な結果しか生まなかったとの見方に立って（これが正しいかどうかは別として）、ＦＴＡ一般に反対する議員が少なくなかった。更に、「タクシン憎し」の気持ちが、こうした反対意見を一層強固なものにしていた。

また、環境問題に関心のある多くの議員の間で、前に述べた有害廃棄物の輸入増大を懸念する声も強かった。更に、チャムロン氏が発言しなくなったといっても、天然微生物の特許の問題にこだわる議員も存在した。加えて、政府が国会の承認なくＦＴＡを締結することに反対する議員もかなりの数に上った。

以上の反対論に対して、タイの外務省を初めとする政府各省の日タイ経済連携協定担当者は、国会の委員会等の場で果敢に同協定署名の正当性と必要性を説明した。私も、表に出ないように注意しながら、関係の国会議員を訪問したり、大使公邸の食事に招待したりしながら、日タイ経済連携協定署名への支持を働きかけた。

しかし、国会の議論は大いに紛糾した。日タイ経済関係の重要さの議論だけでは、色々な根拠で反対する議員を納得させることはできなかった。こうした中で、タイ政府は、国会の承認を得ることは日タイ経済連携協定を署名するための要件ではないとの原則的な立場から、採決を行うことなく、審議を終了させた。これに対して反対派は強硬に抗議したが、政府は態度を変えなかった。

但し政府は、反対派をなだめる一策として、当時検討が進んでいた新憲法草案において、将来は「FTAのような重要な経済協定の締結は、国会の承認を必要とする」旨の一項を入れることを約束した。このことは、後に述べるように、日タイ経済連携協定の批准の段階になって、大きな意味を持つようになる。

スラユット首相の訪日

こうした経緯の後、三月末から四月初め、スラユット首相夫妻一行が日本を訪問した。私達夫婦も、首相一行より先に帰国して、東京で一行を迎えた。ちょうどタイの人たちが大好きな桜が満開に咲いていて、一行を喜ばせた。前に述べた通り、この訪問は非公式なものとは言え、天皇皇后両陛下への拝謁、安倍総理との首脳会談と総理官邸での夕食会がアレンジされ、実質的には公式訪問と変わらない重みのあるものとなった。タイ政府側としては、タクシン氏が首相就任後に最初に訪日した際と同じ程度の接遇を希望していたが、これがほぼ実現することになった。

この当時は、依然として欧米諸国政府は、スラユット政権をクーデター勢力によって作られた政権と位置づける立場から、「普通の政権」としては取り扱わないとの方針であった。従って、殆どの欧米諸国は、自国の閣僚レベルのタイ訪問を控えており、またタイの閣僚レベルの公式訪問も受け入れていなかった。こうした中で、日本がスラユット首相一行を殆ど公式訪問に近い形で受け入れたわけであるから、スラユット首相以下タイ政府が大いに感謝したことは当然である。

総理官邸での首脳会談の際に、日タイ経済連携協定への署名が行われた。私を含む日タイ双方の協定関係者は、ホッと安堵の胸をなでおろし、これで同協定が実施されること間違いなしという見通しを持った。その時は、その協定の批准の段階で更に大きな困難に直面しようとは思いもしなかった。

スラユット首相の日本滞在中に、東京の霞が関ビルで東海大学による同首相に対する名誉博士号授与式が行われた。私も招待されて参列したが、スラユット首相の訪日のきっかけを作ってくれた東海大学の関係者の方々には、どう感謝しても感謝しきれない気持だった。その方々は知らないだろうが、この訪日がなければ日タイ経済連携協定は日の目を見なかったかも知れないのだ。

9．スラユット政権の苦闘

はかどらないタクシン氏の「旧悪」追及

私の見るところでは、スラユット政権の課題は、大きく言って二つあった。第一は、タクシン氏及びその取り巻きの「腐敗」の実態を究明し、必要に応じ責任を追求すること、そして第二に、タイの政治を民主政治に戻すことである。スラユット首相は、その双方について、首相自身の直接の介入を避け、また超法規的な手段の行使を認めることなく、可能な限り既存の（クーデター前の）法律と政府機構によってこれを進めようとした。

第一のタクシン政権の「旧悪」追及については、クーデター後の新政権発足に並行して、「資産調査委員会」という名前の、行政府からは独立した委員会が設立された。この委員会は、タクシン政権の腐敗追及の中心的機関とされたが、原則として裁判所での訴追の権限はない。訴追は、第一義的には検察庁が行うことになる。但し、訴追について、資産調査委員会と検察庁の意見が異なる場合には、同委員会独自でも訴追ができることになっていた。

私から見ると、なぜ検察庁が直接腐敗追及を行わないのか理解できなかった。資産調査委員会が検察庁より強い調査権限を持っているのなら理解できるが、そうでもないようであった。それに同委員会のメンバーは、各種裁判所の裁判官とか会計検査院の事務局長など、他に忙しい職のある人たちであり、その人達が週に二回程度集まって、議論するに過ぎない。そんなことでタクシン政権の汚職疑惑の解明を効率的にできるのだろうかと疑問に思わざるを得なかった。

加えて、一五年前までは、数年に一回の頻度でクーデターを経験してきたタイの人達である。クーデターへの対処の仕方は十分心得ている。つまり、今の政権が数年後にはどうなっているか判らない。となれば、今、うっかりクーデター側の尻馬に乗ってタクシン政権の腐敗追及の片棒を担いでしまえば、政権がひっくり返って親タクシン政権ができた時に、ひどいしっぺ返しを食らうことになる。こうした気持ちをタイの多くの人が持ったとしても不思議ではない。従って、資産調査委員会が各省庁の高級官僚に対し証拠資料の提出や証言を求めても、極めて鈍い反応しか返って来なかったのも当然であろう。

更に、タクシン氏等による腐敗疑惑事案は、法的追及が簡単でないものが多かった。それは、それらの多くが法令に違反すれすれのところで行われたり、また、関係法令が国会や内閣によってタクシン氏に有利なように変更されたりしていたためである。こうした事情から、資産調査委員会によるタクシン氏とその側近による腐敗疑惑事案の調査は遅々として進まなかった。そして、スラユット首相以下の政権幹部もこの調査の進捗を早めるために特別ことをしようとする様子はなかった。彼らの立場は、タクシン疑惑の法的追及はあくまでも既存の法的手続きに従って進められなければならないというものだった。

スラユット首相解任？

こうした中で、二〇〇七年の四月から六月頃には、クーデター指導者のソンティ国家安全保障評議会議長がタクシン疑惑追及の遅れにいらだっているとの情報が頻繁に入ってくるようになった。ソンティ議長のいらだちは、特にスラユット首相に向けられているようだった。一部には、ソンティ議長がスラユット首相を解任するのではないかとの噂さえ流れていた。前述のようにクーデター後に出された指令により、国家安全保障評議会は、首相を罷免することができるとされていた。

こうした噂は、当然スラユット首相の耳にも入っていたに違いない。しかし、同首相は、全く動じなかった。スラユット首相としてみれば、「自分が首相をやっているのは、ソンティ議長からのたっての願いによるものだ。ソンティ議長は、自分に頼んできた以上、自分のやることにつべこべ口を挟むべきではない。自分はやりたいようにやる。」という気持ちだったろう。こうした気持ちは、スラユット首相の訪日中に私が同首相と個人的に話した際などにも感じられた。

結局、スラユット首相は、最後までその指導方針とスタイルを変更することはなく、また更迭されることもなかった。その結果、タクシン疑惑の追及は、既存の法律と手続きに従って、引き続き粛々と、かつゆっくりと進められることになった。

タクシン一家の資産凍結

ゆっくりと進められた手続きの典型的な例が、タクシン氏の個人的な資産についてのそれであろう。「普通」のクーデターであれば、倒された政府指導者の個人的資産は、すぐにクーデター側によって没収されてしまうであろう。しかし、このタイのクーデターの場合には違っていた。クーデター後約八ヶ月経った二〇〇七年六月一一日になってようやく、資産調査委員会がタクシン夫妻名義のタイ国内の多数の銀行口座にあった資金合計七六〇億バーツを「凍結」した。その根拠となったのは、クーデター指導者により構成される民主改革評議会が発出した指令第三〇号であった。凍結の理由は、タクシン氏が首相在任中に異常な蓄財を行ったこと（因みにタクシン氏は、二〇〇一年に首相に就任した際、自分自身と家族の資産の額を一五一億バーツと報告していた。）、そして、その期間中に幾つかの不正行為を行ったことであった。なお、資金の「凍結」は、政府による資金の「没収」と異なり、単に口座の名義人が引き出せないようにしただけである。この資金をどのように処分するかは、裁判所の判断にゆだねられることになった。この問題についての裁判所の審理は、二〇〇九年七月になってようやく開始されることになる。

こうして七六〇億バーツという巨額の資金が宙ぶらりんの状態にされたことは、それ以降、タイの政治が不安定化する大きな原因となった。いくら大富豪のタクシン氏といえども、七六〇億バーツという資金は大金であり、喉から手が出るほど欲しいものだろう。その処理は裁判所にゆだねられているといっても、裁判所の手続きにおいて没収を要求するのはタイ政府しかない。もしタクシン氏が再度タイの政府を支配できるようになれば、没収を取りやめ、凍結を解除する可能性も生まれる。従って、タクシン氏としては、仮にタイの政治自体に興味を失ったとしても、この資金を取り戻すために、タイ政府を再び支配することを目指さざるを得ず、そのためには自分の持つあらゆる手段を動員することになるわけである。この結果、その時以降タイの政治は、タクシン氏が国内にいる時も外国にいる時も、同氏からの働きかけを受け、動揺を続けることとなる。

外資規制の強化？

先に述べたようなスラユット首相の指導スタイルは、タクシン疑惑追及に限るものではなかった。彼は一般的に、「餅は餅屋に」のスタイルで、各分野の専門家の意見を尊重した。内閣においては、各大臣にその担当分野の仕事を基本的に任せるとの姿勢だった。彼の内閣の閣僚の多くが、タクシン政権より前の政権の官僚組織のトップにいた人達であり、それぞれの担当分野のエキスパートであった。従って、軍事以外のことには門外漢であるスラユット氏としては、これらのエキスパートに任せた方が良いと考えたのであろう。

この結果、スラユット内閣の各大臣は、のびのびと仕事をすることができた。また、政治家出身閣僚がいないこともあってか、腐敗の噂は、殆ど聞かれなかった。これは、前のタクシン政権と比べて大きな違いであった。他方、各省が余りに独立性が高くなって、問題が生じるケースも出てきた。その典型例が外国人事業者法の改正問題である。

タイは伝統的に外国からの投資を自由に受け入れる政策を取ってきた。例えば、自動車産業については、マレーシアのように自国独自の自動車のブランドと自動車企業を育てるとの方針はとらず、希望する全ての外国自動車製造会社にタイに進出させ、それぞれのブランドで製造させるとの方針を取った。その結果、タイでは殆ど全ての日本の自動車メーカーが進出して生産を行っており、いずれの企業も良い業績をあげていた。私がタイに着任した直後の二〇〇五年一二月には、タイ国内での自動車生産が年間一〇〇万台を突破したことを祝って、タクシン首相も出席して盛大な祝賀行事が行われた。その後もタイの自動車生産は順調に伸びている。これも自由な外資政策のおかげと言える。

ところで、スラユット内閣のクリクライ商務大臣は、就任早々から外国人事業者法改正の方向を打ち出した。即ち従来、外資規制の対象となる外国人事業者の定義を「外国人が『全資本の半分以上』を保有している会社」としていたものを、「外国人が『議決権の四九％以上』を保有している会社」にしようとしたのである。同商務大臣の説明によれば、この改正の目的は、二〇〇六年初めにタクシン氏がシン・コープ社の株式をシンガポールの国策投資会社であるテマセク・ホールディング社に売却した際に外国人事業者法の抜け穴を使ったことから、この抜け穴を封じようとするものだとのことであった。即ち、この売却においては、タイ法人であるクラーブ・キュー（Kularb Kaew）社が介在することによって、タイ電気通信法上の外国企業による株式保有比率の制限をクリアした。テマセク社によるＫＫ社の株保有比率が四九％だったためにＫＫ社はタイ法人とされた。しかし、実際はＫＫ社の議決権の九〇％をテマセク社が持っていて、ＫＫ社は、テマセク社の事実上の子会社であった。

タイに投資している日本及び欧米諸国の政府と関係企業団体は、この改正によって実質的に規制対象となる外国人事業者の範囲が広げられる恐れが大きいとして、懸念を表明した。私も、クリクライ大臣等タイ政府の関係者に対し「二〇〇六年九月のクーデターの発生によって、安定した投資先としてのタイの評価に曇りが生じてしまった後に、このような外資に対する規制を強化する法改正を行うのは、諸外国から見たタイの投資環境をさらに損なうものだ。」との指摘を行って再考を求めた。しかしクリクライ商務大臣は、外国人事業法を改正した後、その運用は弾力的に行う方針なので、実質的に外資に対するマイナスは生じない等の主張を繰り返し、法改正の方針を変えなかった。

これまでの同法の歴史を調べてみると､タイ政府は､すでに二〇〇〇年頃に同様の改正の提案を行ったが、諸外国からの強い反対などにより、これを撤回したことが判った。しかし、こうした法改正を実現しようとする底流は、タイの一部の民族資本と、タイ政府の経済官僚の間で潜在的に生き続け、スラユット政権下で官僚の影響力が強くなったため、再浮上したようであった。この問題について、スラユット首相に介入を求める試みもなされたが、同首相は、この問題は基本的に担当のクリクライ商務大臣に任せるという姿勢をとり、目に見える成果はなかった。

国会に提出された外国人事業法改正案は、二〇〇七年一一月に成立直前の段階まで達したが、結局国会の会期末までに審理が終了せず、時間切れで廃案となった。従って、日本や欧米諸国など投資国側から見れば、何とか事なきを得たというわけであるが、スラユット政権が官僚主導型だったことが、思わぬ騒ぎを引き起こしたわけである。

なぜ全面的に改憲？

前に述べた通り、スラユット政権下におけるタイのもう一つの主要課題は、タイを民主主義に戻すことであり、そのために新憲法を制定することであった。クーデター指導者達は、クーデター直後に、それまでの「一九九七年憲法」を全面的に停止して暫定憲法を制定した。私は、なぜ一九九七年憲法を全面的に停止しなければならなかったのか、今もって理解できない。一九九七年憲法の規定の大部分は、タクシン氏の「悪行」とは関係なかったはずである。タクシン氏の「悪行」を処罰し、そのような行為の再発を防ぐためには、それに必要な憲法の規定だけを変えれば十分であったろう。

更に、クーデター指導者達は、一年以内の選挙実施と民政移管を約束していたのだから、憲法の部分的改定の方が、そのタイム・リミットを守りやすかったであろう。それなのに、一九九七年憲法を全面的に停止してしまったために、全く新しい憲法を作らなくてはならず、そのためには大変な労力と時間が必要となった。多分、クーデターを実行した人達は、そこまで考える余裕がなかったのであろう。従来のタイのクーデターでは、憲法停止が定番となっている。今回もそれに従ったまで、ということかもしれない。

いずれにしても、憲法を全面的に書き換えるとなると、容易なことではない。最初に、これを検討する機関をどうするかが問題になる。国会は解散されたが、任命制の暫定議会はある。これに任せてもよさそうなものだが、今回の場合には、それとは別の憲法起草会議が設置された。先ず全国の各分野から約二〇〇〇人が国民会議の議員に任命され、その内から、一〇〇人が憲法起草会議議員に任命された。その大部分が学者や司法官、それに元官僚で、政治家は反タクシン派も含めて、誰も任命されていない。この人達が、喧々諤々の議論を始めた。

様々な論点

議論の中から浮かび上がった一つの論点は、仏教を国教と規定するかどうかであった。当初、仏教団体等がこれを強く主張した。私は、このような規定が置かれた場合には、タイ南部のイスラム過激派問題の解決にはマイナスの影響があるのではないかと危惧した。結局、この主張は憲法草案には取り入れられなかった。

次の問題は、首相が国会議員でなければならないかどうかであった。議会制民主主義の観点からは、首相は国会議員であるべきは当然のように思えるが、タイでは、必ずしもそうではない。二〇〇六年初めに民主党等が国王陛下に対しタクシン氏に代わる首相を選任していただきたいという希望を表明したように、内政の混乱に収拾がつかなくなったような場合には、国王陛下に非議員でも適当な人物を首相として選任していただくことができるようにしておく必要があるとの意見も有力であった。この点についての議論では、議会制民主主義支持派が勝ち、首相は国会議員でなければならないことになった。

次の問題は、この新憲法制定のきっかけとなったクーデターを法的にどう位置づけるかということであった。この点については、新憲法草案の最後の条文である第三〇九条で次のような趣旨が盛り込まれた。即ち、「暫定憲法（クーデター直後に制定された憲法。二〇〇六年憲法とも呼ばれる。）において保障された全ての事柄は、それが憲法や法律に合致しているかどうかに係わらず、また新憲法公布の前に行われたか後に行われたかに係わらず、この新憲法に合致しているとみなされる。」（条文の文言は「仏暦二五五〇年（二〇〇七年）タイ王国憲法」〔社団法人日本タイ協会出版　加藤和英訳〕より引用。以下同じ）暫定憲法三七条は、クーデターの実行者に対して「恩赦」が与えられる旨を規定しており、このため、クーデターが暫定憲法によって「保障された」ことになるのであろう。こうした規定により、新憲法は二〇〇六年のクーデターの合法性を明確にしている。

上院議員の選び方

もう一つの論点は、上院議員をどのように決めるかという点であった。因みに、一九九七年憲法より前の憲法では、上院議員は全て勅撰議員であったが、一九九七年憲法で初めて全上院議員が選挙で選ばれることになった。なぜ上院議員の選び方が重要かというと、一九九七年憲法の下では、上院は、選挙管理委員会、汚職防止委員会等のいわゆる独立規制委員会の人事を左右する権限を持っていた。前に述べたようにタクシン首相は、多数の上院議員を自分の側に引き込んで、独立規制委員会に自分の息のかかった人物を送り込むことを可能にし、これらの機関を思うままに操っていたと批判する人がいる。

この時の憲法論議では、全員選挙制にすべきとの意見から、全員任命制にすべきとの意見まで、様々な提案がなされた。結局選挙で選ばれる議員と任命される議員をほぼ半分ずつとすることで落ち着いた。選挙で選ばれない上院議員がいるのは非民主的ではないのかとの疑問に対し、憲法草案作成者は、世界的に見て、例えば英国のように、選挙で選ばれない議員からなる上院を有する国も少なくないと反論した。この点について、憲法制定の中心的人物から私が本音を聞いたところでは、全ての上院議員を選挙による選出にすると、地方の農民の意見が強くなりすぎる恐れがあるということであった。

確かに有権者の数でゆくと、地方の農民は全有権者数の半数近くを占めるであろう。

なお、タイでは、伝統的に上院は「良識の府」であるべきとの意見が強い。一九九七年憲法でも、上院議員はどの政党にも属してはならないこととされていた。従って上院議員選挙のポスターには、候補者の顔写真と名前と候補者番号だけが表示され、それ以外には政党名はおろか、政策や主張など何も記載されていなかった。有権者は、何を材料にして判断するのかよく判らない。この制度は、新憲法でも維持された。

下院の選挙制度

下院議員の選挙制度について、一九九七年憲法制定の議論では、それ以前のタイで内政が安定しなかったのは小党分立のためであったとの認識が一般的であった。こうした立場から、大政党の出現を容易にするため、小選挙区制を主体とする選挙制度が導入された。即ち、全下院議員五〇〇名の内、四〇〇名が小選挙区制により、残りの一〇〇人が比例代表制により、それぞれ選出されることになった。この結果、九七年憲法起草者の目論見通り、タイ愛国党という全下院議席の約三分の二を占める大政党が誕生したわけである。

しかし、今回の憲法改正の議論においては、小選挙区中心制により大政党が出来上がったことがタクシン氏の「腐敗と横暴」を可能にしたとの意見が有力となった。その結果、新憲法では、主体を中選挙区制に戻すことになった。再び振り子が小選挙区制から中選挙区制に振れたわけである。具体的には、全下院議員四八〇人の内、四〇〇人が中選挙区から、残りの八〇人が比例代表区から、それぞれ選出されることになった。この改正が、憲法起草者の目論見通りの結果を生むかどうかは、憲法改正後間もない二〇〇七年一二月の総選挙で示されることになる。

難しくなった国際協定締結

前に述べた日タイ経済連携協定署名に至るいきさつは、新憲法の国際協定締結手続きに関する規定の内容に大きな影響を及ぼすことになった。前述の通り、従来のタイ憲法では、政府が国会に諮ることなく独自に国際協定を結ぶことができる分野がかなり広く認められていた。例えば自由貿易協定も、原則として政府独自で締結することが出来た。しかし、前述の通り、日タイ経済連携協定の署名に先立つ暫定議会での議論の中で、政府が議会の承認なく同協定を署名しようとしていたのに対し、強い反対意見が出された。政府としては、既定方針通り、暫定議会には単に審議させるだけで、承認は求めないとの姿勢を貫いた。しかし、これに対する反対論が余りに強かったので、反対派をなだめるために、新憲法では、このような協定の締結には国会の承認を必要とすることを約束して事態を収拾した。

従って、新憲法の草案では、国会の承認が必要な条約として「国の経済的、社会的な安定に広範囲の影響を及ぼすか或いは国の貿易、投資又は予算を拘束する重要な内容を含む」条約が追加された。

また内閣は、このような条約の交渉を進める前に、「国民に情報を提供するとともに意見を聴取」すべきこととされ、更に国会の承認を求める際には、「交渉の枠組みを提示しなければならない」こととされた。更に、このような条約の「署名後、批准前にその条約の詳細について国民がアクセスできるようにする」ことも内閣の義務とされた。加えて、内閣はその様な条約が国民に影響を及ぼす場合に、影響を受ける者に対して適切な救済又は補償をしなければならないことになった。

以上のような憲法草案の内容について、タイの外務省は、このような厳格な手続きを求められては、タイが国際条約や協定を結ぶことが極めて困難になると強い反対の意見を表明した。しかし、日タイ経済連携協定署名に先立つ国会審議の経緯もあって、原案が承認されてしまった。後で述べるように、このことが同協定の批准に際して問題となってくる。

簡単な憲法改正手続き

もう一つの憲法改正の論点は、憲法改正手続きそのものであった。クーデター指導者が構成する「民主改革評議会」が制定した暫定憲法は、新憲法制定のためには、国民投票で有効投票数の過半数による賛成を得ることを要件としていた。しかし、新憲法草案では、将来の憲法改正のためには、両院議員総数（投票総数ではない）の過半数が賛成することが主要な要件とされた。因みにこの点は一九九七年憲法も同様である。更に新憲法では、五万人以上の有権者による憲法改正の請願も認められた。

このように、タイの憲法改正は、日本や他の多くの国の憲法の場合に比べてより簡単に出来るようになっている。私は、ある主要な新憲法起草委員に「憲法ならば、もう少し変更が難しくても良いのではないでしょうか。」と尋ねたところ、その人から「憲法改正が難しいと、クーデターが起こりやすいから、変えやすくしておくのです。」との答えが返ってきた。

私の推測だが、憲法改正手続きを簡単にせざるを得ないもう一つの理由は、タイの憲法が非常に細かいことまで規定していることであろう。その結果、日本の憲法は全体で一〇三条しかないが、タイの新憲法は三〇九条もある。例えば、日本では公職選挙法に書かれているような選挙のやり方が、タイでは憲法に書かれている。この結果、タイではそれほど大きくない制度の改正を行うためにも、憲法を変更する必要が出てくるわけである。

あるタイの憲法起草者は、新憲法起草に先立って、「憲法は、日本のように短い方が良い。タイの憲法は、長すぎるので今度は短くしたい。」と言っていた。しかし、タイの新憲法は、結局全文三〇九条という長いものになってしまった。一九九七年憲法が三三六条あったに比べれば短くなったとは言え、大幅な削減とは言えない。

憲法の内容が細かくなる理由は、クーデター後に新憲法を作ると、どうしてもクーデター勢力が導入したい新制度などを憲法に具体的に書き込む必要が出てくるということだろう。つまり、新憲法では、新制度の原則だけ書いて、具体的には法律で規定しようとしても、法律を審議する国会がクーデター指導者の言うとおり動いてくれるという保証はない。更に、うかうかしている内に、次のクーデターが起こってしまうかも知れない。こうした事情から、必要なことは何でも憲法に書き込んでしまおうということになったのだろう。また、このことが、憲法を頻繁に変えなくてはならないという状況を作ってきたと言える。

〈コラム〉日本とタイは両極端

考えてみると、憲法改正の頻度についてみれば、日本とタイは正反対の極にあるといえよう。日本は、現在の憲法が一九四七年の五月三日に施行されてから、その一言一句たりとも改正されたことはない。他方タイでは、一九三二年の「人民革命」の際に最初の憲法が出来て以来、二〇〇七年の憲法まで、合計一八の憲法が作られている。こうした違いができたのは、タイでは頻繁にクーデターが発生したという歴史的な事情によるところが大きいと思われる。

それに加えて、タイ人と日本人の憲法を含む法律や制度一般に対する姿勢の違いがあるように思える。日本人の場合には、一旦憲法や法律を作ってしまうと、これを守るのが道徳的義務のように思い込んでしまう人が多い。「憲法を守る。」と言った場合、「現行憲法の規定に従う。」という意味と「現行憲法の規定の内容が変わらないようにする。」の二つがあり得ると思うのだが、これを混同している人が少なくないようだ。一部の人は、憲法を変えないようにするために意図的に両者を混同させているように思える。

そこにゆくと、タイの人達の憲法を含む法律への態度は、極めて実際的である。彼らにとって、憲法や法律はあくまでも道具である。特定の道具がうまく働かなければ、変えてしまえば良いだけだ。だから憲法も法律もどんどん変える。その結果、タイでは、新しい法律や制度がどんどん導入されることになる。ある法律や制度を作ってみて、うまく行かなければ変えれば良いじゃないかというわけである。

例えば、タイでは従来から選挙に伴う腐敗を取り締まる努力が行われてきたが、なかなか効果が上がらなかった。このため一九九七年憲法では、ある政党の幹部が重大な選挙違反を行った場合には、その政党自体が解党させられる（取り潰される）だけでなく、その政党の幹部全員に対し五年間の政治活動禁止が命じられることとされた。後で記すように、この規定によって、二〇〇七年と二〇〇八年に親タクシン系政党が取り潰され、その政党の幹部が政治活動を禁止された。これがタイの内政の動向を大きく変えたのは当然である。このようにタイの政治のルールや制度は、気軽に斬新なものが導入され、それがタイの内政に大きな影響を及ぼすことがある。

新憲法草案に関する国民投票

前述のようなにぎやかな議論があったものの、二〇〇七年七月の初めには何とか新憲法草案がまとまった。それについての賛否を問う国民投票は、八月一九日に行われ、その結果は、賛成五七％、反対四一％、無効二％で、投票率は五八％であった。

事前の予想としては、圧倒的多数の国民が賛成するのではないかとの見方が有力だった。その理由の一つは、国民投票の時点では、前年九月のクーデターをもたらした反タクシン的雰囲気がタイ全土でかなり残っているように思われたことである。またタイ国民の多くは、新憲法の内容がどうこうと言うよりも、ともかく早く正常な事態に戻ることを希望しているので、新憲法草案に賛成する人が多いのではないかと見られていた。

しかし、結果としては、反対が四一％にも上ってしまった。これは、憲法の内容自体についての国民の反応とは考えにくい。というのは、新憲法草案は大部の文書で、その内容も普通の人には判りにくいものである。政府は、数千万部の憲法草案のコピーを国民に配布したが、一体どれだけの人がこれを読んだであろうか。また、反対票が多かったのは、タイの北部と東北部であった。これはタクシン氏の地盤である。このことから、この国民投票の結果は、憲法草案に対する賛否だけでなく、スラユット政権及びタクシン氏に対する支持・不支持の状況をも反映していたように思える。

因みに、スラユット政権が発足した二〇〇六年一〇月時点でのタイ全土での世論調査では、同政権に対する支持率は約六〇％にのぼり、不支持は八％に止まった。しかし、その後二〇〇六年大晦日のバンコックでの連続爆発事件などを契機に、スラユット政権への支持は低下し、二〇〇七年二月末におけるバンコックでの世論調査では、スラユット政権への支持率は三五％となった。但し、同じ調査でのタクシン氏への支持率は二九％であった。その後、既述のようにスラユット政権の下でのタクシン氏一族の「旧悪追及」が遅々として進まないという印象が広まり、またスラユット政権下で財政支出が遅れて経済が停滞するようになったこともあって、スラユット内閣への支持は、更に低迷し、二〇〇七年六月の調査では、約一四％が同内閣支持、約七〇％が不支持という結果になっていた。八月の憲法改正の国民投票では、とにかく新憲法を作って事態を正常化させたいという国民の希望が、スラユット政権に対する幻滅感を辛うじて上回って、何とか新憲法草案が承認されたというところであろう。

いずれにしても、国民投票によって承認された新憲法草案は、八月二四日にプーミポン国王陛下の裁可を得て公布、施行された。

シリントン王女殿下のご来訪

前述の通り、タイ王族の方々のうち、皇太子殿下ご夫妻、ソムサワリ王女殿下、チュラボン王女殿下ご夫妻は、二〇〇六年のうちに大使公邸にお招きすることができた。しかし、我が国とのご関係が特に深いシリントン王女殿下については、二〇〇七年半ばになっても公邸ご来訪が実現しなかった。同王女殿下が大変ご多忙のためと半ば諦めていたところ、八月三日においでいただけるとの連絡が入り、私達を喜ばせた。大使公邸での晩餐会の席で、シリントン王女殿下は、昔から日本については深い関心があったとおっしゃった。例えば、バンコックで初めてできたデパートは、日本から進出してきた大丸百貨店だったが、そこには、タイで初めてのエスカレーターが設置された。まだ幼かった王女殿下は、しばしばそこに行かれて、エスカレーターで上に昇ったり下ったりして長い間遊んでおられたと懐かしげに語られた。

シリントン王女殿下は、何事につけてもリラックスしておられるという感じで、自由に発言されていた。例えば、王女殿下は、何年か前にジュネーブでの教育分野の国際会議にタイの代表団長として参加されたことがあるそうだ。その際に、会議の議長から急にタイの教育政策についてスピーチをして頂きたいと頼まれた。王女殿下は、タイ政府の教育政策については良く知らなかったが、その場で教育政策を創作してスピーチされたと笑いながらお話になった。因みに、シリントン王女殿下は、現在でも軍の学校で歴史を教えておられ、教育者としてもプロである。

王女殿下が自由に話されているのを良いことに、私は、普通では許されない政治に係わる話もうかがってみた。二〇〇六年九月のクーデターの際、シリントン王女殿下は、パリにおられた。当時タイとフランスの合同文化祭があって、シリントン王女殿下もステージの上でタイの伝統的な琴のような弦楽器を木琴の撥のようなものを使って演奏しておられた。その際のテレビ放送の映像を見ると、王女殿下は、ずっと下を向いて演奏しておられた。食事の席上、私が「あの時は楽譜を見ておられたのですか」と質問すると、王女殿下は「実は、琴の横に小型コンピューターがあって、そこでタイのクーデターのニュースが流れていたのです」と言うご返事であった。同席した王女殿下の随員の一人が、「あの演奏の後、王女殿下は『さあ、私達はタイに帰ることができるのでしょうか』と冗談をおっしゃっていましたね」と口を挟んだ。こうして、タイの王族をお招きしての晩餐会であるにも拘わらず、私ども夫婦を含め日本側出席者一同、至極気楽に過ごすことができた。

最後にまた例の写真撮影になる。今回もシリントン王女殿下用のソファを用意して、私達夫婦がその横に正座しようとした。すると王女殿下は、「椅子に座るより、立つほうが楽です」と言われて、私ども夫婦も両脇に立たせて、写真を撮られた。次いで、食事の出席者全員とご一緒に写真を撮られ、更に「今日のディナーを用意した全ての人に来てもらってください」とおっしゃり、台所の料理人から食事を給仕したメード、そして公邸の庭師まで一緒に入れて、写真を撮られた。公邸の使用人達にとって、タイの国王陛下のお嬢様は神様に近い方である。その方と一緒に写真を撮ることができたというのは、夢のようだと一同が感激していた。

そして、この夕食会の数日後に、シリントン王女殿下付の宮務官から、写真に写った人全てに渡せるだけの枚数の大型の記念写真が送られてきた。これを受け取った公邸の使用人達の喜びようは大変なものであった。

ガラヤニ王女殿下と国王陛下のご入院

更に、タイ王室の動向について述べる。プーミポン国王陛下の姉君であるガラヤニ王女殿下は、二〇〇七年の初めから体調を崩されていた。同王女殿下は、音楽を好まれ、日本の大分県で行われる音楽祭には、毎年ご出席になっていたほどである。日本の援助でできたタイ文化センターでの各種の音楽の催しにも、しばしばご出席になっていた。しかし、同年初めからは同王女殿下をタイ文化センターでお見かけすることはなくなった。

ついに一〇月の末、ガラヤニ王女殿下はバンコック都内のシリラート病院に入院された。私は、入院された日に病院に行ってお見舞いの記帳をした。その日に、日タイ修好一二〇周年記念行事の一環として京都の宮川町から五名の舞妓さんがやってきた。そして次の日に、舞妓さん全員がシリラート病院を記帳に訪れた。翌日のバンコックの殆ど全ての新聞が、舞妓さん姿で記帳する五人の写真を一面トップに掲載した。

同じ月の終わりに、今度は国王陛下が「頭に血流が十分行き渡らなかったため」（王宮府発表）同じシーラット病院に入院された。幸い発症の発見が早く手当てが適切に行われたため、国王陛下のご容態は着実に回復した。一ヶ月ほどの入院で退院することができた。後遺症も残らなかったとのことである。

一二月初め、国王陛下お誕生日祝賀行事の一環として行われたタイ国軍のパレードの際にも、お近くで国王陛下のご様子を拝見したが、二〇分ほど杖なしでお立ちになるなど、順調に回復されているご様子だった。なお、この年は国王陛下の八〇歳のお誕生日の年であり、国軍パレードもいつも以上に華やかなものであった。例年出場しない「ホワイト・エレファント」まで繰り出した。本当に全身が真っ白なので、こんな象がいるのかとびっくりしたが、後で聞いてみると、確かに一五％前後は白い肌だが残りは白く「着色」しているのだそうだ。

国王陛下お誕生日祝賀行事の間も、ガラヤニ王女殿下のご容態が思わしくないことが報じられ、全タイ国民がご回復を祈っていた。しかし真に残念なことに、ガラヤニ王女殿下には翌年の初めに帰らぬ人となられた。

10．日タイ経済連携協定の発効

日タイ経済連携協定の批准

話を日タイ経済連携協定に戻す。二〇〇七年八月になると同協定の批准予定日として想定されていた一〇月初めが迫ってきた。同協定は、二〇〇七年中に発効させることが強く望まれた。さもなければ、協定の内容が古くなりすぎて、実施が難しくなったり、実施しても意味がなくなってしまう。年内発効と言っても、一二月末に発効すればよいというわけでなく、様々な日本の国内手続きを考えれば、一一月一日までに発効させる必要があった。そのためには、そのひと月前の一〇月初めに両国政府間で批准書の交換を行っておく必要があった。

ところでこの批准について、タイ側で困ったことが起きてしまった。八月二四日に新憲法が施行されたため、同協定の批准は新憲法の規定に従って行うべきかどうかという問題が生じたのである。前述のように、新憲法の規定によれば、日タイ経済連携協定のような経済面で重要な協定締結は、国会の承認が必要とされる。同協定のように、新憲法施行の時点で既に署名され、内容が確定した協定も、この新憲法の規定に従って国会の承認が必要とされるのであろうか。

タイの外務省の中でも見解は分かれたようである。一方で、新憲法が出来た以上、署名済みの協定でも、これに従う必要がある、即ち国会の承認を求めなければならないと主張する人がいた。他方署名済みの協定には、新憲法は適用されないと主張する人もいた。いずれにしても実際問題として、もし同協定の批准がタイの暫定議会にかけられることになれば、かなりの日数が必要となり、一〇月初めの批准書交換は危なくなる。またその当時、暫定議会と政府は、様々な問題でとげとげしい関係になっていたので、国会に提出された場合に協定批准が承認されるか否かすら疑問と思われた。

幸運なスラユット首相の大使公邸来訪

こうした中で、再度幸運が訪れた。かねてから私の大使公邸の夕食会に招待していたスラユット首相が、九月初めに来てくれることになったのである。なぜこの時期に来てくれることになったのか、今でも分からない。いずれにしても、日タイ経済連携協定批准のために千載一遇のチャンスが出来たわけである。

事前に首相周辺から、この夕食会の時に取り上げたい話があるかどうか、内々の照会があった。こちらからは、首相にはゆっくりくつろいで頂きたいので、原則として仕事の話は抜きにしたいが、日タイ経済連携協定の批准の問題だけは触れさせていただきたいと回答した。

スラユット首相と。

スラユット首相は、政府報道官と秘書官数人を連れてやってきた。同首相は、長い間タイの辺境地域での対ゲリラ作戦で勇名を馳せてきた軍人にしては意外なほどに英語が流暢である。若い頃短期間米国に留学していたことがあるのと、東チモールで国連平和維持活動のためタイの兵士を率いていた経験などによるものと思われる。おかげで、お互いに率直に話をすることが出来た。

話の大部分は、スラユット首相の経験についてであった。例えば、同首相が陸軍から退役後、タイのお寺に入って得度し、修行した経験は、興味深かった。そのお寺は、タイの東北部にあって、特に戒律が厳しく、また瞑想を寺の中でなく、ジャングルの中で行うので有名だそうである。私から、ジャングルで瞑想などしていると、蚊に刺されて大変ではないかと聞くと、タイの伝統的なやり方で蚊を防ぐ方法があるのだとの返事であった。また三ヶ月の修行の後に還俗して、奥さんと一緒に静かな生活を送ろうとしていた矢先に、招かれて枢密顧問官になったとのことであった。

私と共通の話題は、インドネシアであった。同首相は、東チモール滞在中にインドネシアとも色々な接触を持って、豊富な知識を持っていた。私も、三五年も前であるがインドネシア勤務経験があったので、その国の言葉や習慣などについて、お互いに薀蓄を傾けた。

食事の最後になって、私から、このような食事の席であるが、一つだけ仕事の話をさせて頂きたいと前置きして、日タイ経済連携協定の批准問題について、次のように発言した。「日タイ経済連携協定の批准手続きについて、現在タイの中で色々な議論が行われていると伺っています。この手続きの問題は、もっぱらタイ側の問題で、日本側が口を挟むべきことではないと考えております。しかし、一点だけ私の希望を言わせていただければ、もしタイ政府がこの批准について暫定議会の承認を求められるのならば、出来るだけ早くそのための手続きを始めて頂きたいのです。というのは、一〇月初めまでにこの協定が批准されなければ、協定の内容が古くなって、協定案を改定するための再交渉が必要になるかも知れないからです。」

これに対してスラユット首相は、毅然とした面持ちで「日タイ経済連携協定は、既に暫定議会での審議を終えています。現在の暫定議会も同じ人達で構成されている以上、再び暫定議会にかける必要はありません。」と断言した。これは、同首相のその場の判断ではなく、事前に考えた上での見解だろうと思われたこともあって、私は、大いに勇気づけられた。

その約一週間後に、タイの閣議が行われた。その場で日タイ経済連携協定の批准の問題が議論された。タイの閣議では、単に案件を形式的に承認するのではなく、自由で活発な議論が行われる。この協定についても様々な意見が出されたようである。私が後で内々聞いたところによると、タイの外務省からは、批准を暫定議会にかけるかどうかについて、その必要なしとする議論と、その必要ありとする議論の両論併記のペーパーが提出されたということである。

こうした中で、スラユット首相は、確固とした姿勢で、この協定の批准に先立って暫定議会に再度提出する必要はないと主張したと報じられている。ある新聞報道によると、同首相は、「この協定の批准は、自分の政治生命をかけても行う。」と発言したとのことである。この結果、その日の閣議で日タイ経済連携協定の批准書交換は、暫定議会にかけることなく、一〇月二日に行うことが決定された。

日タイ経済連携協定の発効

日本側では、日タイ経済連携協定の批准のための閣議決定などの手続きは、全く問題なく行われた。そして、同協定のための批准書の交換は、一〇月二日に東京の外務省で淡々と事務的に行われた。タイ側で批准について一騒動あったことは、日本側では、直接の関係者以外、殆ど知られなかったと思う。いずれにしても、折角の日タイ経済連携協定が「たなざらし」にならなくて済んだことに、私は安堵の胸をなで下ろした。

そして、一一月一日から同協定が実施された。実施に移してみると、二二の貿易品目については、タイの通常の税率（「一般特恵税率」或いは「GSP税率」と呼ばれる）の方が同協定の下で引き下げられたはずの税率よりも低いという現象が起きてしまった。こうなった原因は、次の通りである。日タイ経済連携協定の下での関税引き下げの内容は、発効より約二年前に実質的に固まっていた。二年前の時点では、同協定の税率は、当然タイの通常の税率以下となっていた。しかし、その後、タイ側で自主的にかなりの数の品目について通常の税率を引き下げたため、一部の品目ではタイ側の通常の税率が日タイ経済連携協定の税率を下回ってしまったのである。

こうした逆転が実際に起こったのは、二二品目という比較的に少数の品目で済んだが、仮に同協定の発効が二〇〇八年以降になったような場合には、こうした逆転現象は、もっと広範な品目について起こり、日タイ経済連携協定の存在意義が疑われる結果になっただろうと思われる。

なお、スラユット内閣のある閣僚は、「総選挙が終わったら、どの政党が勝っても、日タイ経済連携協定の見直しの問題が出てくるだろう。」と私に語っていた。確かに、一二月に行われた総選挙のキャンペーンで、ほぼ全政党が「自由貿易協定の見直し」を提唱していた。しかし実際は、選挙が終わった後でも、この協定を見直すなどという議論は、どこからも出てこなかった。それどころか、タイ側の輸出業者は、この協定の下で引き下げられた関税を大いに利用して、日本への輸出を行っている。二〇〇八年の前半の統計では、タイから日本への輸出は、前年同期に比べて三〇％程度増加した。この協定がタイに大きな利益をもたらしたことは疑いない。

11. タクシン支持勢力の返り咲き

タイ愛国党の解党判決

話は少し前に戻るが、二〇〇七年五月三〇日にタイの憲法法廷（正確には、クーデター後廃止された憲法裁判所に代わる組織である「憲法裁判官委員会」）が重大な判決を言い渡した。タクシン氏が作ったタイ愛国党の解党と、同党幹部一一〇名に対する以後五年間の被選挙権停止を命じたのである。その原因となったのは、二〇〇六年四月の総選挙のための選挙運動で、当時のタイ愛国党の副党首であったタマラック国防相と同党副事務局長のポンサック運輸相が買収に関与していたことである。両者がタイ愛国党のトップに近い幹部であったため、同党執行部も了承していた行為と判断されたわけである。なお、二〇〇六年九月のクーデター以前のタイの法律（政党法）では、解党を命じられた政党の幹部は、五年間は他の政党の幹部になれないと規定されていた。しかし、クーデター指導者からなる「政治改革評議会」は、布告によってこの規定を変更して、五年間は被選挙権がないこととしてしまった。この布告は、タマラック氏等による選挙違反についてみれば事後法に当たるが、憲法法廷は、それにはお構いなく布告を適用してしまったわけである。

なお、その他に、二つの小政党がタイ愛国党に買収されたとして、また一つの小政党が候補者履歴を偽ったとして、それぞれ解党を命じられた。他方、小政党候補の出馬妨害などで起訴されていた民主党は、証拠不十分で無罪とされた。これらの判決は、全て一審で確定してしまい、控訴ができないものであった。

タイ愛国党に所属していた人たちは、タイ愛国党に代わる自分達の政党を探さなければならなかった。良い「出物」として見つかったのは、「国民の力党」という一九九八年に結成された小政党で、二〇〇五年の総選挙の比例区でも一％の得票率しか得られず、下院議席ゼロであった。この泡沫政党に、タイ愛国党の党員だった人たちが大挙して乗り込んで来た。

サマック党首

次いで、急に巨大化した国民の力党の党首を誰にするかが問題となった。旧愛国党の幹部一一一人は、議員になれないので党首としては不適格である。ということは、これと言った有力な親タクシン系の政治家は、全て党首になれないことになる。大変な人材難であった。こうした中で浮上してきたのは、サマック氏であった。彼は、一九七七年から閣僚を経験しており、三つの内閣で副首相の地位にあり、更に二〇〇〇年からはバンコック都知事にもなっているという華々しい政治的経歴の持ち主である。

しかし彼は、その頃既に七二歳で、タイの政治家としてはかなり高齢であり、いわば盛りを過ぎた政治家と見られていた。近く政治から引退するのではないかという噂さえあった。にもかかわらず、国民の力党の党首として、サマック氏に白羽の矢が立ったのである。勿論彼を選んだのは、当時外国にいたタクシン氏であろう。彼がサマック氏を選んだ理由は、次のようなものだろうと推測される。

第一に、サマック氏は、昔から反共産主義者、反左翼学生活動家として知られており、その結果、タイの軍部と良い関係を持っていたことである。タイの民主化後に再び政権に復帰した際、軍と良好な関係を築くことを希望していたであろうタクシン氏にとっては、この点は重要であったに違いない。第二に、サマック氏は、喧嘩のできる政治家であった。彼は、若い頃からいわゆる武闘派であり、相手に対して「殴りこみをかける」ようなやり方を躊躇しなかった。同氏は、閣僚や副首相になっても、政敵やマスコミに対して、容赦なく毒舌を振るった。クーデター後の反タクシン的傾向の強い政治権力に対して、タクシン支持派が対抗してゆくためには、サマック氏のような鼻っ柱の強い政治家が必要とされたのだろう。

一方でサマック氏も、一夜にして巨大政党となった国民の力党の党首に推されたことにまんざらでもない様子だった。忘れられかけていた政治家が、思いもかけず再び脚光を浴びたのだから、当然と言えよう。また、サマック氏からすれば、国民の力党の党首になって、どんなことが起ころうとも、

サマック首相と。

失うものは何もないわけである。その当時サマック氏は、嬉々として「自分は、タクシン氏の代理人（ノミニー）だ。」と公言してはばからなかった。

サマック氏との夕食会

サマック氏が国民の力党の党首になった以上、駐タイ王国大使の私としては、彼の人となりを知らなければならない。そこで私の公邸の夕食会に招待した。サマック氏は、九月の末に秘書二人だけを連れて公邸にやってきた。私は、通常こういう場合にホストとして適当な社交の話題とともに、相手から聞き出したい内政上の問題などについて、予め考えておく。この場合にもそうしていたが、結局何の役にも立たなかった。

というのは、サマック氏は、大使公邸のソファーに座るやいなや、「貴方は、私にこういう点を聞きたいだろう。」と言って、機関銃のように話し始めたのである。食卓に移っても、サマック氏は、タクシン氏のこと、スラユット内閣のこと、タイ国軍のこと、王室のこと等々、止めどもなくしゃべり続けた。英語はかなり上手である。しかし、余りの早口に、ついて行くのがやっとであった。全体として、サマック氏がタクシン氏を尊敬していること、軍とも関係が良いこと、王室を尊敬していることなどは分かった。しかし、何よりも良く判ったのは、サマック氏は、人の言うことを殆ど聞かないということであった。この人が、大きな組織のトップとしてやってゆけるのだろうか、というのが私の率直な感想であった。

親タクシン派の勝利

タイの新憲法が八月二四日に公布・施行された後、九月末に選挙関連の三法案も暫定議会で可決され、その後国王陛下の署名を得て、一〇月六日に成立した。下院議員総選挙は一〇月二四日に選挙戦が始まり、一二月二三日に投票が行われた。投票日の数日前から大使館の数人の館員がタイの各地に出張して、投票日までの各地の状況を実地に調べたが、特に異常な事態は見られなかったとのことだった。投票日には、私もバンコック市内の投票所を四ヶ所ほど廻ってみたが、至極平穏に行われている様子だった。

開票の結果は、民主党優勢との事前の予想に反して、タクシン氏支持勢力である国民の力党が二三三議席を獲得して第一党となり、民主党は一六五議席で第二位に甘んじた。次いで国民党が三七議席、国土党二四議席、団結開発党九議席、中道党七議席、臣民党五議席の順になった。

国民の力党が勝利した理由としては、何と言ってもタクシン氏の人気がタイの北部と東北部で根強かったことが挙げられよう。言いかえれば、二〇〇六年初めからクーデターにかけて首都を中心に燃え上がった反タクシンの雰囲気は、タイ全土をカバーするものではなかったことを示していたとも言えよう。

また、スラユット政権が総選挙までの約一年間にタクシン氏の「旧悪」追及等の面でこれと言った成果を挙げなかったという認識がタイ全体に広がっていたことも、大きな要因であったろう。加えて、クーデター前後の内政の混乱から、政府の財政支出が滞り、これがタイ国内の景気に悪影響を与えていたことが、スラユット政権への国民の評価を更に低下させていたと見られる。

更に、憲法法廷により旧タイ愛国党が解党を命じられ、その幹部一一一人の被選挙権が以後五年間停止されたといっても、スラユット政権は、親タクシン派政治家の政治活動を弾圧するようなことは行わなかったことも一つの要因であろう。他方民主党は、親タクシン勢力が強い東北地方や北部地方で支持を広げるべく懸命の努力をしたが、さしたる成果を収めることができず、首都バンコクとタイ南部を主たる地盤とする政党から脱皮することはできなかった。

連立工作

下院の全議席数は四八〇だから、国民の力党の二三三議席だけでは、過半数に僅かながら達しない。このため、第一党の国民の力党と第二党の民主党の双方が、それぞれ自らが中心となって連立与党を形成すべく、中小政党への働きかけを行った。しかし、仮に民主党が全ての中小政党を引き入れて連立政権を作っても、過半数を僅かに超える議席を支配するに過ぎない。最も小さな政党が一つでも離反すればすぐに政権が潰れてしまう。そうした事態が想定されたこともあって、民主党の働きかけは空振りに終わった。

中間政党の内で最も大きい国民党は、選挙運動期間中、自分達は国民の力党と提携することはないと力説していた。しかし、選挙後に国民の力党が政権をとる見通しがでてくると、手のひらを返したように、「自分達の主張を実現するためには政府の中に入る必要がある」と言い出して、与党連合に入ってしまった。結局、全ての中小政党が国民の力党主導の与党連合に参加することになった。野党は民主党だけになり、連合与党は、合わせて三一五議席と、全議席の三分の二を少し下回るだけの大勢力になった。

サマック内閣の成立

こうして、国民の力党主体の連立政権が誕生した。首相は党首のサマック氏である。半年前までは忘れられかけていた政治家が、あれよあれよという間に、首相にまで登りつめたわけである。しかし彼は、タクシン氏によって借りてこられたトップであった。新内閣の組閣を初めとする重要な決定は、タクシン氏のリモートコントロールの下、旧タイ愛国党の主要な幹部により、サマック氏が関与することなく、行われた。

新閣僚の中で、サマック氏に近い人物は副首相になったサハット氏唯一人であった。彼は、サマック氏の夫人の親戚で、同氏のバンコック都知事時代の副知事でもあった。他方サマック氏は、国防大臣も兼任した。タイでは国防大臣には軍人が就任するのが通例だが、タクシン氏としては、軍の中で信頼しうる人物がいなかったということであろう。また前に述べたように、サマック氏は、昔から軍とは良い関係にあった。

その他の閣僚もタクシン氏の意向に従って任命されたことは、その顔ぶれからも明らかである。先ず、多くの重要ポストに、タクシン氏の腹心の部下が座った。タクシン氏の義理の弟に当たるソムチャイ氏は、副首相兼教育相となった。タクシン氏の側近で、タクシン政権において政府報道官を務めたスラポン氏は、副首相兼財務相となった。タクシン一族の顧問弁護士であったノパドン氏は、外務大臣に任命された。

タクシン政権時代に閣僚だった人々の多くは、当時被選挙権を停止され公職につけなかったが、彼らの代理としてその親族が閣僚になった。例えば、タイ愛国党の有力政治家であったソムサック元労働大臣の夫人アンノアン女史が天然資源環境大臣となった。また、やはりタイ愛国党の有力政治家であるスワット元副首相の夫人プーンピロム女史がエネルギー大臣になった。更にタクシン内閣のチャトゥロン教育大臣の弟であるウティポン氏が科学技術大臣に就任した。このように、サマック内閣は、どう見ても「隠れタクシン内閣」であった。

誠実なソムチャイ大臣

新しい内閣の顔ぶれの中で、私が特に関心を持ったのは、ソムチャイ副首相兼教育相であった。彼は、筆頭格の副首相で、内閣における序列はサマック首相のすぐ後である。何かの事情で同首相が退陣を余儀なくされる場合には、ソムチャイ氏が首相に繰り上がることになる。その上、ソムチャイ氏の夫人は、タクシン氏の実の妹のヤオワパ女史である。そのことからも、ソムチャイ氏が閣内で大きな影響力を持っていることが想像できた。

ソムチャイ氏は、長く裁判官を勤め、その後法務省に転じて、法務事務次官の地位にあった。サマック内閣組閣に先立って、法務大臣就任の噂があったが、種々の法律問題を抱えるタクシン氏の義理の弟が法務大臣になることについては、さすがに各方面から反対があったようで、結局教育大臣に就任することになった。

私は、早速ソムチャイ副首相を表敬訪問した。場所は、首相府であった。ソムチャイ氏は、法務事

ソムチャイ氏一家。
左から３人目ソムチャイ氏。右から３人目ヤオワパ女史。

務次官時代は、かみそりのような鋭さで知られ、部下の人達は同氏の前ではいつも緊張していたということだった。しかし、直接会ってみると、大変温厚な感じの紳士であり、外国の外交官との接触には余り慣れていないせいか、少しはにかんだ感じさえあった。

ソムチャイ大臣は、教育分野でも日本がタイにおいて大変重要な役割を果たしていることを知っていると言い、更に教育分野で日本側から要望があれば何でも伺いたいと付け加えた。私からは、タイ在留日本人子女の教育に関連して、現在バンコック日本人学校の分校を首都の南方のシラチャ・パタヤ地域に建設する方向で準備を進めているので、タイ教育省より必要に応じて支援を得たいと申し入れた。ソムチャイ首相は快諾して、具体的要望があれば遠慮なく言ってきて欲しいと言ってくれた。

ソムチャイ副首相に初対面で好印象を受けたこともあって、早速、私の大使公邸での夕食会に同副首相夫妻をお招きした。ソムチャイ副首相とヤオワパ夫人は、おそろいでやってきてくれた。ヤオワパ女史は、前に述べた通りタクシン氏の実の妹であり、以前は下院議員で、タイ北部地方出身のタイ愛国党議員約三〇人からなる派閥の指導者であった。彼女は、二〇〇七年五月の憲法裁判所によるタイ愛国党解党を命ずる判決の結果、下院議員の資格と被選挙権を失っていたが、依然としてタイ愛国党の後継政党である国民の力党の中で大きな影響力を持っていた。

食事の席上、ソムチャイ氏は丁寧にタイの教育問題や内政問題について私の質問に答えてくれた。答えの内容は、裁判官出身らしく、明確で論理的なものだった。タイ政府の公式見解として、見事に整理されたものという印象を受けた。また、この人はどんなことがあっても、法に反する行為をすることはないだろうと私は思った。

これに対してヤオワパ女史の発言振りは、自由闊達なものだった。彼女は、色白なことといい、四角い顔立ちといい、歯に衣を着せぬ発言といい、兄のタクシン氏にそっくりであった。自分のご主人のソムチャイ氏について、「この人は、ナコン・シ・タマラートの田舎の、とっても貧しい家に生まれたのに、これまで偉くなって、大したものよ。」などと平気で言っていた。ご主人が公式見解を述べ、奥さんが本音を言うという絶妙のコンビなのかと思われた。意図的にそうしているわけではないのだろうが。

ウティポン科学技術大臣（中央）と。

この人が大臣？

私は、その他にも主なサマック内閣の閣僚を公邸の夕食会に招待した。その中で、ウティポン科学技術相を招待した時は、思いがけない失敗をした。同大臣が近く日本を訪れるという話を聞いたので、こちらからの表敬訪問を省いて、いきなり大使公邸の夕食会に招待したのである。通常、タイの閣僚が私の公邸に来る際は、パトカーが先導する四～五台の車列でやってくる。ウティポン大臣の場合は、先ず一台の車だけが公邸の玄関に着いて、一人の若い人が降りてきた。こういう風に来る人は、先遣隊として事前の準備のために来る秘書官等の事務方である場合が多い。この人もそうだろうと思って、私は簡単に挨拶した後、公邸の玄関ホールの脇の方に案内した。彼はそこでおとなしく立っていた。二～三分経っても誰も来ない。その時私には、はっとひらめくものがあった。この人がウティポン大臣自身かも知れない。恐る恐るあなたが大臣かと尋ねると、そうだとの返事であった。私は、大変恐縮して無礼を詫びた。

話してみると、この大臣は、大変博学な面白い人だった。特に植物分野の専門家で、幾つかの木の特許を持っているとのことであった。そこで私は次のような悩みを打ち明けてみた。私の公邸の横に一〇階建てのホテルが立ちかけているが、このホテルの客室から公邸の庭や建物が丸見えになってしまう。目隠しにするために、何か早く育つ木はないだろうか。ウティポン大臣は、ある種のユーカリが良い、その木は、五年間で高さ二〇メートル以上に育つと言った。その時私は半信半疑だったが、数日後に同大臣がそのユーカリの苗木一〇本と、その木が五年間育って出来たという並木道の写真を送ってきてくれた。確かに立派な並木道だった。早速私は庭の適当な場所に一〇本の苗木を植えた。残念ながら私はその半年後に帰国しなければならなかったが、今後その木がどのようなスピードで育つか楽しみである。

婦唱夫随

続いて、エネルギー大臣のプーンピロム夫人も大使公邸の夕食会に招待した。前述の通り同大臣は、タクシン政権の時代の副首相で、タイ愛国党の実力者であったスワット氏の夫人である。スワット副首相には、私が二〇〇五年末にタイに着任してから間もなく表敬訪問をした。同副首相は、昔から色々な形で日本と関係が深く、また日本にも家族ぐるみで度々訪問していると話した。また副首相自身は、ラーメンが大好きで、帝国ホテルに宿泊する時は、必ず新橋駅近くの線路脇のラーメン屋に行くとのことであった。

スワット氏は、私の大使公邸での夕食会に来てくれた最初の閣僚であった。その時プーンピロム夫人は、副首相夫人としてご主人についてきた。しかし、今回は立場が逆転していた。プーンピロム夫人が大臣として、スワット氏が大臣配偶者として、やってきたわけである。

プーンピロム夫人はカセサート大学化学学部で修士号をとり、士官学校の教官をつとめ、陸軍中将の地位を持っている。大臣になっても、決しておかしくない経歴である。エネルギー分野についても立派な見識を持っている。私が、一般的なエネルギー関係の問題について質問すると、彼女からきちんとした答えが返ってきた。しかし、あのプロジェクトがどうこうというような個別具体的な話題になると、とたんにスワット氏が乗り出してきて発言した。彼がエネルギー省内の問題について、詳細な情報を得ていることは、彼の話しぶりから明らかだった。

プレム枢密院議長

以上に述べた通り、私は、新内閣ができるたびに、主要な閣僚を公邸の夕食会に招待してきた。また国王王妃両陛下以外の殆どのタイの王族の方々にも公邸の夕食会においでいただいた。しかし、プレム枢密院議長は、これまで招待したことがなかった。同枢密院議長を招待することを考えたこともあったが、これまでに私が何回か会って、その度に非常に強い風圧のようなものを感じていたため、何となく招待するのがためらわれてしまい、声をかけないままになっていた。

二〇〇七年二月の初めに、日本のある化学繊維会社がスポンサーしている科学技術分野の表彰式がバンコック市内のホテルで行われ、私も招待されて参列した。その式典の主賓はプレム枢密院議長であった。式典終了後の昼食会では、和食風の料理が出されたので、自然に話題はバンコックに多数ある日本食レストランの品定めとなった。その中でプレム枢密院議長が「バンコックで最高の日本レストランは日本大使公邸と聞いているが、私は未だ招かれたことがない。」と言い出した。これには私も恐縮してしまい、あわてて「真に申し訳ありません。是非近くおいで下さい。」と言った。

早速その日の内にプレム枢密院議長に夕食会のオファーをしたところ、即座にお受けするとの答が返ってきた。夕食会の日、プレム枢密院議長は一人でやってきた。年齢は、既に八七歳である。しかし、心身ともに驚くべき若さであった。話しぶりからして、頭脳が依然として極めてシャープであることは明らかだった。また週に二回か三回はゴルフをしているということだから、体も衰えていない。但し、さすがにゴルフコースを歩いて廻ることはせず、ゴルフカートを使っているとのことだった。食欲も旺盛で、卓上に出された各種の日本料理を美味しそうに平らげていた。一般にタイなど熱帯地方の人々は、日本のような温帯の人よりも老化が早いように見えるが、プレム枢密院議長は全く

プレム枢密院議長と。

の例外であった。

食事の席で、私としては、プレム枢密院議長の内政上の役割等について、聞きたいことは数多くあったが、さすがに面と向かって質問できることは限られていた。そうした限られた質問に対しても、プレム議長は、注意深く差し障りのない答えをして、深入りするのは避けている様子だった。しかしそのことは却って同枢密院議長が依然として内政面で重要な役割を果たしていることを示唆しているように思えた。いずれにしても、これといって込み入った話をしたわけではないのに、私は食事中緊張しっぱなしで、食事が終わった後はぐったりと疲れてしまった。

その食事の終わった数日後に、今度はプレム枢密院議長の方から食事のオファーがあった。すぐにお返しの食事をオファーしてくれるというのは、私の経験でも余り例がなく、プレム枢密院議長の律儀さを示しているようだった。食事は、バンコックでも最も格式の高いホテルであるドゥシタニ・ホテルの最上階のフランス料理のレストランだった。ここでも殆ど四方山話で終始したが、私がウティポン科学技術大臣を大使公邸に招待した時の失敗談を披露したところ、プレム枢密院議長は大笑いに笑った上で、「貴方は、その話を他の人にもしたことがありますか。」と質問したので、「未だありません。」と答えると、「それは良い。」と言っていた。私は、プレム枢密院議長がその話をどこかでするつもりかも知れないと思い、ウティポン大臣に悪いことをしたかなと思わざるを得なかった。

タクシン氏のタイ帰国

サマック政権が誕生すると、タクシン氏が外国にいなければならない理由がなくなった。二月二五日、タクシン氏がスワナプーム国際空港に初めて降り立った。前述の通り、この空港は、同氏が首相在任中の最大規模のプロジェクトであった。彼は、同空港の開港直前にクーデターが発生して以来、一年五ヶ月にわたりタイを離れることを余儀なくされていた。タクシン氏は、空港に到着するや否や、多数の出迎えの人々や報道陣が見守る中で、空港の床にひれ伏して、祖国に帰れたことへの喜びと感謝の気持ちを表した。私には、タクシン氏一流のマスコミを意識した大げさなゼスチャーの中に、自分が建設に努力した新空港が立派に完成し、機能していることへの感激も含まれていたのではないかと思えた。

タクシン氏は、既に首相在任中のバンコック都内の土地取引に係る容疑で起訴され、逮捕状が発出されていたため、空港に到着直後、逮捕されたが、保釈金九〇〇万バーツ（約二七〇〇万円）を払ってその日の内に釈放された。タクシン氏は、その後タイ国内では自由に活動することが許されたが、外国への旅行は、裁判所の許可が得られた場合のみ行えることになった。

タクシン氏帰国後数週間経って、私がドゥシタニ・ホテルで、ある会合に出席した後、ホテルの玄関の方に歩いていると、向こうからタクシン氏が一人でやってきた。私が「クン・タクシン（タクシンさん）、お元気ですか。」と声をかけると、タクシン氏は「ああ、日本大使ですか。私は元気です。」と言っただけで、そそくさと歩いていってしまった。私は、何となくそっけない感じを受けた。

タクシン氏の苦い顔

それから約一週間後、その年の一月初めに亡くなったガラヤニ王女殿下（国王陛下の姉君）の一〇〇日目の追悼式が開催され、私と家内も出席した。他の大部分の大使夫妻は、屋外の暑いテントの下で参列していたが、タイ王室と関係の深い日本など数カ国の大使夫妻だけは、式典の行われているチャクリ・マハ・プラサート宮殿に招き入れられた。式典が始まろうとする時に、一人の男性が式場に入って来た。私の近くにいたアナン元首相が多少驚いた様子で「クン・タクシン、君も来たのか。」

と言った。タクシン氏は、出席予定者には入っていなかったらしく、指定席はないようであった。会場の案内係は、困惑した様子だったが、私の斜め前に外交団用の席が空いていたのを見つけて、そこにタクシン氏を案内した。

タクシン氏は、座る前に私達夫妻を認めて、お互いに軽い挨拶を交わしたが、その後はずっと前を向いたままだった。私は、タクシン氏が私に対して何か「根に持っている」ことがあるような気がしたので、その点を確かめたくなった。それで、式典の合間に、「クン・タクシン、今年のマンチェスター・シティ（タクシン氏が買収した英国のプロサッカーチーム）の成績はどうですか。」などと声をかけてみたが、タクシン氏は「去年は良かったが、今年は余り良くなかったよ。」などと、簡単に返答するだけで、話に乗ってこようとしなかった。

式典が終わった後は、数千人の参列者が自分の車に乗るために宮殿の出口の方につめかけ、ごった返していた。私達は、出口の近くでタクシン氏が新任のノパドン外相と一緒に立っているのに会った。私がタクシン氏に対し、「ノパドン外相が近く日本に行ってくれるのを喜んでいます。」と言うと、タクシン氏は、厳しい顔で「クーデター直後に私が日本に入国しようとした時に、非常に冷たい取り扱いを受けた。あれは外国の元首相に対して取るべき態度ではないと思う。」という趣旨のことを言った。私は、取り敢えず「その様な事実があったことは知りませんでしたが、貴方が不快な感じを持たれたとすれば残念です。事実を調べてみたいと思います。」と言った。タクシン氏は依然として苦い顔をしていた。いずれにしても、これでタクシン氏の私に対するよそよそしい態度の原因が判ったわけである。

その後、私はタクシン氏の日本入国の際の状況を東京に照会したところ、次のようなことが判った。タクシン氏が日本に入国する直前に、スラユット政権下のタイ外務省がタクシン氏の持っていた外交旅券の無効化の方針を発表し、同氏の日本滞在予定期間中に外交旅券の有効期間が切れることになってしまった。他方、タクシン氏は、一般旅券も持っていた。このため事態が複雑になっていた。しかし日本側は、同氏に対して冷たい扱いをするどころか、通常より丁寧な扱いをしようとしていたことが判った。私は、その旨をタクシン氏に近い私の友人を通じて同氏に説明したが、先方が納得してくれたかどうかは心もとない。

〈コラム〉バンコックの日本大使の一日

この本では、私の駐タイ国大使としての活動の内、主としてタイの政治に関連することを紹介している。しかし言うまでもなく、私のタイでの任務は、それに止まるものではなかった。タイは、在留邦人や日系企業の数、そして日本大使館の規模等の面で世界屈指の国である。従って、大使としては、在留邦人や日本人旅行者の安全と福祉を確保し、日本企業の活動を支援し、日本文化や日本語の普及を促進し、更に大使館や大使公邸を適切に運営するために、なすべきことが多い。こうした様々な大使としての仕事を理解してもらうために、ある日の私の活動を紹介したい。

二〇〇七年五月××日。私と妻は、朝七時半頃から朝食をとりながら、次の日の大使公邸晩餐会メニューの案をチェックした。案は公邸料理人のTさんが作ってくれる。チェックするのは主に妻の仕事だが、私も出来る限りのアドバイスをする。例えば、翌日の夜の主賓のソムキット前副首相は、平均二ヶ月に一回訪日するほどの知日派だから、珍しい和食メニューを一つか二つ入れて欲しいと注文した。また、朝食の間に公邸のバトラー（執事）から、その晩餐会でウェイターや皿洗いとして働く公邸の現地職員（タイ人スタッフ）の案が提出される。現地職員の超過勤務手当ての予算枠がきついので、お客さんの重要度を考えながら、必要最小限の人数に絞るようにしていた。

大使館に向けて公邸を出る時に、妻に対して、その日の午前中、大使公邸のプライベート部分に設置されているエアコンの検査があることをリマインドした。月に数回にわたって様々なチェックのために外部の業者が寝室にまで入り込むことは、大変煩わしい。しかし妻も大使公邸ではプライバシーはないと諦めており、その日も大急ぎで私室の片付けに入ったようだ。

大使公邸から大使館までは館長車で一五分前後だが、この間は、タイの新聞をチェックするための貴重な時間だ。主要な英字新聞二紙の政治経済欄に目を通して、重要な記事を読んでおく。

また必要に応じ記事にマークをつけておき、後で大使館でじっくり読む。

大使館に入ると、程なく週一回のスタッフミーティングが始まった。日本から派遣された職員約六〇人のほぼ全てが出席する。従来この会議は、単に事務的な連絡事項を伝える場だったようだが、私が着任して以降は、できるだけ実質的な情報・意見の交換の場にするように努めた。大使館の各部の代表から、各部の主な活動やタイの情勢について報告してもらうことにした。

私自身も、その時々の大使館の業務についての私の関心事項や、最近時点の私の体験などを、できるだけ館員に興味を持ってもらうよう逸話などを交えながら発言した。例えばその日の会議では、その前の週に私は、米国大使と広大な庭で囲まれた先方の公邸で食事をしたが、米国大使によると、第二次大戦までは、その公邸は日本の駐在武官の公邸だったということを紹介した。

スタッフミーティングが三〇分程度で終了した後、幹部会が開催される。この場には次席館員と総務、政務、経済、広報文化、領事、官房各部の部長のみが出席する。機微な内容の情報を交換したり、重要な懸案事項の処理について、私が指示を出したりした。この場は、ばらばらになりがちな各部の間の調整を行う上でも大事な役目を果たした。

その後、大使執務室で、前日の夜以来東京の外務本省や他の在外公館から来ている公電や、大使館から発信された公電の内、私の見ていないものにも目を通した。タイで起こったことや、館員が収集した情報などを報告する電報は、よほど機微な内容のものでない限り、原則として各部長と総務部長の決裁で発電できることにしている。他方、本省に対する政策の提案とか、本省からの政策面での照会に対する回答は、全て事前に私の決裁が必要ということにしていた。

正午少し前に大使館を出て、ドンムアン空港の近くにあるラーマ・ガーデンズ　ホテルのレストランでV氏と昼食をともにする。当時国会の事務局長の地位にあった同氏は、歴代の内閣で要職を務めてきた能吏で、一九九七年憲法起草の中心人物でもあった。タイの内政の現状と見通しについての同氏の見解は、示唆に富み非常に有益であった。食事の後、二時過ぎに大使館に戻った後、V氏の話の内容を自分で簡潔に纏めて電報にした。大使によっては、館員に対して口述して電信案を作ってもらう人もいるが、私の場合は、自分でパソコンのキーを叩いた方が効率的である。

午後三時には、新任の在チェンマイ総領事であるYさんが挨拶にやってきた。Y総領事は、タイ語の専門家で、何回もタイに勤務しており、タイ社会での人脈も極めて豊富である。Y総領事のような有力なタイのエキスパートが着任してくれたことは私にとって大変心強いことであった。早速、色々なことについて、Y総領事の見解を伺った。

午後四時からは、大使館内で、あるタイの雑誌社のカメラマンに私の写真を撮ってもらった。この二〇〇七年は日タイ修好一二〇周年に当たり、多彩な記念行事が予定されていた。この雑誌は、その行事についての特集を組んでくれるということだったので、大使館としても協力した。

因みに、私は、タイ着任当初から色々な機会に写真を撮られていた。出来るだけ微笑んでいる顔を撮ってもらいたかったが、歯を見せると品が悪いような気がして、口を閉じて優雅に微笑しようと努めた。しかし結果は、ひきつったような顔になってしまった。この反省に立って、この頃は多少歯を見せるくらいの笑顔を作るようになっていた。

写真撮影の後、数人の大使館員が次々に大使執務室に入って来て、口頭で報告し、或いは指示を求めたり、文書の決裁を求めたりするのに対応した。午後五時半頃大使館を出て、一旦大使公邸に帰り、妻を車に乗せて、一・五キロメートルほど離れたあるホテルに向かった。そこである欧州の国のナショナルデー・レセプションが行われたからである。レセプションが始まるのは六時半だが、その頃はラッシュアワーのピークなので、ホテルまでたどり着くのにどの位時間がかかるか全く予想できない。歩いた方が早い場合が多いが、暑い上に、雨季のため何時土砂降りの雨が降り出すかわからず、どうしても車に頼らざるを得ない。

この日は予想以上にスムースで、約一五分でホテルに着いた。まだレセプション開始予定時間までには三〇分もあるが、構わず会場に入り込んだ。欧米では、レセプションやディナーの予定時刻より早く着くのは非礼とされているが、バンコックでは構わないことになっている。何しろ、到着時間が全く読めないのだから。

バンコックでは、大使館が約七〇、総領事館が一五あるから、各国大使夫妻は、毎年八〇回以上のナショナルデー・レセプションに招待される。その他に、大使の離任レセプションや各国の軍の記念日のレセプションなどもあるので、平均して二日に一回位は、各国大使館主催のレセプションに招待される。これにどう対応するかは、各国の大使にとって、悩ましい問題である。バンコックではレセプション会場に着くまでの交通に大変な苦労を強いられるからである。大使によっては、殆ど出席しない人もいる。

しかし、私は、時間が空いている限り出席することにしていた。一つの理由は、東京で外務省の儀典長をしていた時に、殆ど全てのナショナルデー・レセプションに出ていたので、レセプションをサボることに後ろめたい感じを持つようになったことがある。しかし、それだけではない。タイの官民の要人もレセプションが好きな人が多い。忙しいはずの人でも、結構顔を出している。だから、効率よく色々な人に会えて、情報を得たり、こちらから何らかの働きかけをしたりすることができる。また、一二月の天皇誕生日レセプションに多くの大使に来てもらうためには、こちらも相手のレセプションに出席する必要がある。

この日は、一五分位レセプション会場にいた後、こっそり会場を抜け出さねばならなかった。七時から自分の大使公邸でのディナーが控えていたからである。レセプション会場の入り口には、主催する大使夫妻等が列になってレシービングラインを作っていることが多いので、会場から目立たずに抜け出せる扉を予め探しておく必要がある。

それでも、大使公邸に着くまでは、間に合うかどうか、はらはらしていた。特に大使公邸の前のナナ・ヌア通りが、渋滞で悪名高い。その日も、ナナ・ヌア通りに入ったところで、車が全く動かなくなってしまった。仕方なく、妻と共に車道の真ん中で車を降りて、車の間をぬって歩道にたどり着き、大使公邸まで約二〇〇メートルを歩いた。タイ警察から派遣されている警護官も一緒である。雨の後で水たまりが多く、また野良犬がうろうろしているので、快適な道とは言えない。因みに、タイでは犬に狂犬病の予防注射をしない。その代わり、犬にかまれた人間が狂犬病のワクチンを打つようになっている。そのためにどの病院でもそのワクチンを用意しているそうだ。公邸に着いたのは、ディナー開始予定時刻の三〇分前だった。

公邸に着いた後ものんびりできない。食卓の名札を置くのは、日本語ができない現地職員なので、名札が正しく置かれているかどうかチェックする必要がある。また、応接室に飾ってある写真が適切かどうかも確かめなくてはならない。例えば、タイの王族が来訪された時の写真は、日本人の来客の時は良い話の種になるが、タイのお客さんが来た時には適当でない場合もある。また、私達夫婦がタクシン首相と公邸で撮った写真は、反タクシン派の人が来た時には、スラユット首相と一緒にとった写真に代えておく必要がある。他方妻は、食卓上や玄関の花がきちんと生けられているか確認しなければならない。

その日の晩餐会の主賓は、最高行政裁判所のX氏夫妻だった。日本と異なり、タイには特別の分野を対象とする裁判所がある。政府に関連する事件を取り扱うのが行政裁判所だ。X氏は、クーデター後の政権下でタクシン氏の「汚職問題」を追求する「資産調査委員会」の有力メンバーでもあった。その夜は、同長官から資産調査委員会の活動状況を初めとして、タイの内政についての突っ込んだ話を聞くことができた。食事の最後には、公邸料理人のTさんとその手伝いのタイ人コックさんをダイニング・ルームに招いて、食事の出席者に紹介した。

食事が終わった後は、公邸にある旧式のカラオケ・レーザーディスクを使ってのカラオケ大会である。一〇年以上古いソフト集だが、タイの人達の好きな「北国の春」などの日本の歌や、アメリカの六〇年代七〇年代のポップソングは入っているので、何とか役に立つ。いつもの通り、大いに盛り上がった。

お客さんや同席した大使館員が帰った後、私達夫婦は、台所に行って、公邸料理人のTさんや、配膳、皿洗い等をした現地職員にねぎらいの言葉をかけた。同時に、その日の料理について、良かった点、改善すべき点などについての私達夫婦の意見を料理人に伝えた。

こうして、バンコックの長い一日はようやく終わることになった。

12. プレア・ビヘア（カオ・プラビーハン）寺院問題

ノパドン外相就任

前に述べた通り、サマック内閣の外務大臣となったノパドン氏は、タクシン一家の顧問弁護士であった。英国で留学して、大変優秀な成績を収めた頭脳明晰な人物である。彼が外務大臣になって間もなく、タイ外務省は、タクシン氏に外交旅券を再交付した。外交旅券を持っていれば、殆どの国にビザなしで入国できるので、大変便利である。尤も、タクシン氏の場合には、刑事事件の被告となっているので、外国に出るためには裁判所の許可が必要だったが。

ノパドン外相は、それまで外交経験はなかった。これは、タイの外務大臣としては、かなり異例である。従来のタイの外務大臣の多くは、外務官僚出身だった。次官や駐米大使を歴任した後に外務大臣に任命されるケースが多い。最近の例外といえば、二〇〇六年一二月末、タクシン氏がチュアン内閣で外相に抜擢されたケースだろう。

ノパドン氏は、外交経験がなかったとは言え、日本との関係は浅からぬものがあった。日本政府が四十年以上前から毎年東南アジア諸国に派遣している「東南アジア青年の船」という事業があるが、ノパドン氏はこの船に乗って、日本や東南アジア諸国を廻ったことがある。しかも、その事業に参加したタイの人達の「同窓会」の会長をしていたこともある。私たちは、ノパドン氏という「東南アジア青年の船ＯＢ」がタイの外務大臣にまで出世したことを、心から歓迎した。

私は、出来るだけ早くノパドン外相を日本に招待するよう東京に働きかけ、外務省が五月初旬に同外相を正式に招待することになった。私も同外相を接遇するため、日本に帰った。ノパドン外相は、東京で高村外相（当時）との会談と晩餐会、日本経団連との昼食会、日本記者クラブでの講演会などの日程を精力的にこなした。そして日本訪問最終日の五月一〇日には、「タイ・フェスティバル」の開会式に出席した。

この催しは、五年程前から東京のタイ大使館主催により代々木公園で毎年五月初めに二日間行われているものである。タイの食品や土産物等の出店が数百軒も並んで、二日間で合計三〇万人もの人出があり、いまや代々木公園の名物行事となっている。因みに、我が日本大使館もバンコックで二年に一回、「ラムオン盆踊り大会」と称して同様の催しを行っているが、参加者は数万人に止まっている。尤も二日間フルに行われる「タイ・フェスティバル」と違い、ラムオン盆踊りは、一晩だけの催しではあるが。ノパドン外相は、開会式でスピーチをした後、小雨にも拘わらず続々として詰めかける日本のタイ・ファンの波にもまれていた。

プレア・ビヘア寺院問題

日本から帰ったノパドン外相の行く手には、思いがけない落とし穴が待っていた。プレア・ビヘア寺院（タイ語ではカオ・プラビーハン寺院）問題である。プレア・ビヘア寺院は、クメール人の王朝により紀元後九世紀以降三〇〇年をかけて建築されたヒンドゥー寺院である。この寺院の領有については、二〇世紀の初めから、当時カンボジアを統治していたフランスとタイの間で交渉が行われ、同寺院が、近くを通る分水嶺のフランス側にあるとして、フランス領とされた。

一九五四年にフランス軍がカンボジアから撤退した後、タイ軍が同寺院を占領して以来、同寺院の領有問題はタイとカンボジアの係争案件となった。カンボジアがこの問題を国際司法裁判所に提訴し、一九六二年に同裁判所は、この寺院がカンボジアに属するとの判決を下した。タイは、条件つきながらその判決を受諾し、一九六三年一月以降、カンボジアが同寺院を領有している。しかし、その後もタイの国内にはカンボジアによる同寺院の領有に対する不満の声が強い。

地雷除去プロジェクト

私は、タイに着任して間もない二〇〇六年の初めに、その遺跡を訪問する機会を得た。同寺院の付近の地域で日本の非営利民間団体（NPO　Non-Profit Organization）である「人道目的の地雷除去支援の会」（JAHDS）が地雷除去作業を行っており、日本政府がこれに対して「草の根無償援助」を数年度にわたって行っていた。私は、その最終年度の事業のオープニング式典に出席するために現地を訪れた。

なぜこの地域で地雷除去作業が必要になったかというと、この地域が一九七〇年代末から二十年間近く続いたカンボジア紛争の激戦地となったからである。この寺院はカンボジアの広大な平原から五〇〇メートル以上の高さにある切り立った断崖絶壁の上に建てられている。寺院の場所からは、カンボジアの平原が一望に見渡せる。従って、この辺りでの戦闘においてカギを握る地点だった。この地点を占領したクメール・ルージュを初めとする諸勢力は、周辺地域におびただしい数の地雷を埋めた。それが最近まで全く除去されずに埋もれていたため、住民が地雷に触れて被害を受ける事故が跡を絶たなかった。またその結果、同地域で農業や観光業を行うことは殆ど不可能であった。こうした問題を解決するため、日本のNPOが地雷除去に乗り出したというわけである。

プレア・ビヘア寺院視察

日本のNPOが作業しているのは、タイ領となっている地域である。私の出席したオープニング式典もタイ領内で行われたが、私達は、折角そこまで行ったので、プレア・ビヘア寺院まで行ってみる

プレア・ビヘア寺院。
2006年3月、地雷除去プロジェクトのオープニングの折に。

ことにした。タイ領とカンボジア領の境には、粗末な小屋のようなチェックポイントがあって、そこで小額の入場料を取っていたが、パスポートのチェックなどはなかった。そこから二〇〇メートルほどの長さの真っ直ぐな階段を汗をかきながら上ると、平地に出る。そこに最初のゴルパと呼ばれる遺跡の建物があって、そこから更に五〇〇メートルほど真っ直ぐに通路が続いている。通路の両側にはカンボディア人の小さな露店が並んでいる。通路を真っ直ぐに進むと四つのゴルパがあり、最後のゴルパが断崖の間際に建っている。

その崖っぷちからは、カンボジア平原に向かって果てしなく眺望が広がる。真下を見ると、五〇〇メートルを超える崖はほぼ垂直に見える。高所恐怖症の人なら、立っていられないだろう。

どうしてこんな地形が出来たのか知りたいところだ。断崖は、ほぼ垂直に切り立っているところから、長い年月をかけて少しずつ出来たのではなく、ある時期に土地が急に陥没して、巨大な断層が出来たのではないかというのが素人の私の想像である。その時の地震は、どれほどの大きさだったろうか。

いずれにしても、確かにここを抑えれば、カンボジア全体を支配できるような気がしてくる。だから、カンボジア人がこの地点を戦略的見地から重視する気持ちは良く判る。プレア・ビヘア寺院は、例えて言えば机の一つの角のような場所にある。寺院とその周辺の小さなスペースを除けば、その机の表面のような台地の全てがタイ領である。カンボジア側から陸路でタイ領を通らずにその寺院に行くのは、極めて困難である。現在の技術をもってすれば、その崖に道路を建設することは不可能ではないにしても、非常に難しく、かつ金のかかる事業となろう。要するにこの寺院のある地域は、他のカンボジア領土から地形的には切り離された場所と言わざるを得ない。

パリでの合意

カンボジア政府は、かねてからプレア・ビヘア寺院を世界遺産に登録することを希望していた。二〇〇七年七月にニュージーランドで行われたユネスコ世界遺産委員会で、カンボジアがこの問題を提起したところ、タイ政府が消極的姿勢を示したため、次の年の同委員会の会合に持ち越しとなった。

二〇〇八年五月の訪日を終えたノパドン外相は、七月初めのカナダでの世界遺産委員会の会合に先立って、この問題をカンボジア側代表と協議するためパリに飛んだ。この協議の結果、タイとカンボジアの代表は、次の通り合意した。世界遺産に登録する地域を、従来のカンボジア側の提案より大幅に狭めて、プレア・ビヘア寺院とその周囲の僅かな土地のみとし、その外側の両国間の係争地域は登録の対象から外すことにしたのである。同時にタイ側は、カンボジア単独による世界遺産登録を認めた。これは、「世界遺産登録はタイとカンボジアの共同で行うべきである。」という従来のタイ側の立場を変更するものであった。

タイ国内での批判

この合意が報じられると、タイの国内は大騒ぎになった。前述の通り、プレア・ビヘア寺院の帰属問題は、歴史的に極めて根の深い問題である。この合意を批判する人達は、第一に、カンボジアが単独で世界遺産登録を行うことをノパドン外相が認めたのは、タイがプレア・ビヘア寺院に対する主権を放棄したに等しいと主張した。また第二に、一九六二年に国際司法裁判所が判決を出した際、タイとしては、それを無条件で認めたわけではなく、その後新たな証拠が見つかれば、再審を要請する権利を留保したはずであると主張した。第三に、このようにタイの領土に変更をもたらす条約は、新憲法一九〇条の規定により、締結前にタイ国会の承認を得なければならないはずであると批判した。

しかし、批判の第一点については、世界遺産条約第一一条三は、「ある資産が世界遺産に登録されたことは、その資産に関する紛争当事国の権利に何らの影響も与えない。」としているので、その正当性は疑わしい。またそうだとすると、第三点の批判も根拠に欠けることになる。更に第二点については、国際司法裁判所規程六一条五によれば、再審請求は判決の日以降一〇年間以内に限るとされているので、タイはもはや再審請求をすることは出来ない。従ってこの主張も説得力があるとは言いがたい。

タクシン氏の影

有能な法律家であるノパドン外相は、上記のような見地から、パリでのカンボジア側との合意は法的に問題ないと考えたのであろう。しかし、この合意は、法的な見地だけで処理できないものであった。タクシン氏に係る疑惑の問題が絡まっていたのである。反タクシン派の人々は、こう主張した。タクシン氏は、カンボジア領内でホテルやカジノ等の事業を行おうとしている。またタクシン氏は、タイとカンボジアの双方が管轄権を主張しているシャム湾の海域における海底ガス田の開発を目論んでいる。この開発のためには、この海域の境界線に関する問題が解決されなければならない。タクシン氏は、カンボジアのフン・セン首相からこうした問題でタクシン氏に有利な譲歩を得るために、プレア・ビヘア寺院の帰属問題でカンボジアに対して譲歩させたのだ、というのが反タクシン派の主張であった。但し、実際にタクシン氏がその海域における海底ガス田の開発に関与しているとの証拠は誰も提出していなかった。

いずれにしても、ノパドン外相は、タクシン氏の顧問弁護士だったことから、タクシン氏の意向通りに動いていると見られていた。このため、如何にノパドン外相が説明しようと、タイの国会やマスコミにおいて、パリでの合意に対する反対の声は増すばかりであった。更に憲法裁判所が「パリの合意は、国会の承認を得ていないので無効」との判断を下すに至った。このためノパドン外相は、七月七日のカナダでの世界遺産委員会の直前になって、カンボジア側に対し、パリでの合意の撤回を申し出ざるをえなかった。

世界遺産委員会では、予定通りカンボジア政府によるプレア・ビヘア寺院の世界遺産申請が審議され、ノパドン外相も出席してタイ政府としての反対を表明したが、時すでに遅く、カンボジアの申請が承認された。ノパドン外相は、七月一〇日、カナダから帰国してすぐに、辞任を発表した。

テート外相就任

ノパドン外相が辞任した後、暫くの間外相ポストは空席になっていたが、七月二六日にサマック首相は、テート・ブンナーク元外務次官を外相に任命した。彼は、外務官僚で、駐仏大使及び駐米大使も務めるなど、典型的なタイの外務大臣としてのキャリアの持ち主である。

私は、テート氏の外務大臣就任をことのほか喜んだ。というのは、テート氏は、アジア工科大学（A

ＩＴ）の理事長でもあり、同大学の理事である私は、ＡＩＴの改革などのために同氏と緊密に協力してきたからである。更に同氏は、地雷除去等を目的としたタイの非営利法人（ＮＰＯ）の理事長をしており、日本政府がそのＮＰＯの事業にも「草の根無償援助」を行ったことからも、私と関係が深かった。

なお、テート氏の属するブンナーク家は、元々ペルシャ系の一族で、アユタヤ王朝時代から首相など高級官吏として歴代の王家に仕えてきた由緒ある家柄である。テート氏は、外務次官を終えた後、王室事務局長顧問を務め、現王室との関係も深い。私は、テート氏がサマック内閣に入ったことは、タイ王室が同内閣に賛意を与えたことを意味すると考え、その点でも注目すべき人事だと思った。

他方、プレア・ビヘア問題は、ノパドン氏が外相を辞任しても解決しなかった。それどころか、現場での緊張は、ますます高まっていった。タイとカンボジアの双方が現場に配置する兵力を大幅に増やした。僧侶を含む数人のタイ人が、意図的にカンボジア支配地域に入り、カンボジア兵に拘束されるという事件も発生した。テート氏は、外相就任の次の日にカンボジアのシエム・リアップに飛び、翌二八日にカンボジアのホー・ナムホン副首相兼外相とこの問題について協議した。その結果、タイ・カンボジア両軍が対峙している地域から撤兵する方向で合意したが、具体的撤兵の時期の決定までには至らなかった。

プレア・ビヘア観光ツアー？

なお、私はこの少し前の二〇〇七年七月下旬に、日本人観光会社が企画するウボン・ラチャタニ市の「蝋燭祭り」見物のツアーに妻とともに参加した。同市は、「イサーン」と呼ばれるタイの東北地方の主要都市で、プレア・ビヘア寺院は、同市から車で約二時間の距離にある。このツアーの目的地の一つとして、プレア・ビヘア寺院も入っていた。私は、蝋燭祭りにも関心があったが、緊張が増しているといわれる同寺院周辺地域が実際にどうなっているか興味があった。日本大使として現地に行くのは、タイ・カンボジア両国政府との関係で差し障りがあるかも知れないが、ツアーの一員としてゆくのなら構わないだろうと思ったわけである。

当日は、早朝の飛行機でバンコックからウボン・ラチャタニ市に着いた。そこからバスで南に下ってプレア・ビヘア寺院に向かうことになっていたのだが、その日の早朝に同寺院に行く道路が閉鎖されてしまって、プレア・ビヘア行きは断念せざるを得なかった。尤も今にして思えば、もし道路が閉鎖されなくて、予定通り一行がプレア・ビヘア寺院近くまで行っていたとしたら、何らかのトラブルに巻き込まれていたかも知れない。そんな中に日本大使がいたということが報じられたら、一寸面倒なことになっていた可能性が高いので、道路が閉鎖されて却って幸いだったとも言えよう。

さて、ツアー一行は、仕方なく方向を変えて西に向かい、二時間半程進んだところにあるパノムルン遺跡に着いた。この遺跡は、プレア・ビヘア寺院より少し遅く、一二世紀に、クメール人の王が海

ウボン・ラチャタニの蝋燭祭。
蝋で作った大きな像を運ぶトラックが50台も行進してきた。

抜三八〇メートルの死火山の上に建てたヒンドゥー寺院である。プレア・ビヘア寺院が殆ど修復されていないのに比べて、この寺院は見事に修復されており、見た目にも大変美しいものだった。

タイの外にいる人は、プレア・ビヘア寺院はクメール王朝によるヒンドゥー寺院だからカンボジアに帰属するのが自然だろうと考えがちだ。しかし、タイの中には至るところにパノムルン遺跡のようにクメール人が建てたヒンドゥー遺跡がある。何しろ、一二世紀までは、クメール人のアンコール王朝による支配地がタイ中部のスコータイの辺りまで伸びていたのだから、当然であろう。

パノムルン遺跡を訪れた後、ウボン・ラチャタニ市に戻り、夕方に町の中心部で行われた蝋燭祭りを見物した。蝋で作った高さ二～三メートルの仏像や神話の神々の像を荷台一杯に載せた大型トラックが五〇台以上も次々に行進してくる姿は、まさに圧巻であった。

広がる紛争

いずれにしても、プレア・ビヘア寺院地域では、その後、私が九月にタイを離任した後も緊張が続き、一時は小規模な武力紛争にまで発展して、少数の死傷者すら発生した。また、この問題は、タイ・カンボジア間の他の国境係争地域に飛び火した。それは、同寺院地域から西方約一三〇キロメートルにあるタ・ムエン・トム遺跡である。ここは現在タイ軍が支配しているが、八月初め以降カンボジア政府は、タイが不法に占拠していると非難し、カンボジア兵士を送り込む方法を模索するようになった。

このように、プレア・ビヘア寺院の世界遺産登録への動きは、長年にわたりくすぶってきたタイとカンボジアの間の国境問題において、パンドラの箱を開いてしまった観がある。これは、両国にとって非常に残念なことである。争いの的となっている地域は、古い寺院の遺跡があるために、両国国民にとって象徴的な意味合いは大きいようだ。しかし、経済的に見たら、ある程度観光地としての価値があるにしても、極めて重要という程のものではない。同じ程度の古さや規模の遺跡であれば、タイやカンボジアの国内に沢山ある。私のような第三者から見れば、この程度の経済的価値の遺跡を巡って、両国が真剣に争うのはどんなものかと首を傾げたくなる。

この争いの結果、タイとカンボジアの二国間関係全体が悪影響を受けている。そればかりか、ASEANの協調にもひびが入りかねない。更に、日本にとって看過できないのは、前に述べたタイとカンボジアの間の海の境界線の問題への影響である。タイ湾では、多量の天然ガスと石油の埋蔵が確認されており、現にタイ領の海域では盛んに天然ガスの採掘が行われている。しかし、タイとカンボジアの間の海の境界線が確定していないため、広大な海域の管轄権が未確定となっている。ここには多量の天然ガス等の資源が存在すると推定されているが、管轄権の問題が解決するまでは天然ガス等の採掘が不可能である。ある日本企業は、既にタイ側から開発の権利を得ているが、両国間の海の領域問題が解決しない限り、開発に入れない。

二〇〇七年中頃に、プレア・ビヘア寺院の世界遺産登録の問題についてタイ・カンボジア間の協議が行われるに先立って、私は、これがうまく解決すれば、海の境界線問題も解決の方向に向かうのではないかと期待した。しかし、結果は逆であった。プレア・ビヘア寺院問題という、経済的な意義というより象徴的な意義が大きい問題のために、両国間の海域の管轄権という極めて経済的意義の大きい問題の解決が大幅に遠のいてしまったのは、残念な限りである。

なお、私が期待したテート外務大臣だが、就任後一ヶ月少し経った九月の初めに辞任してしまった。やはりサマック内閣の閣僚の中で、余りに肌合いが違うことが最大の理由だったようだ。その辞任は、テート大臣が帰国する私のために送別ランチをしてくれた数日後であった。

13. チャムロン氏のこと

人工透析センター

話はかなり遡るが、私は、二〇〇七年八月初めにバンコック最大となる人工透析センターの開所式に招待された。私を招待してくれたのは、日タイ経済連携協定の署名のために私が働きかけを行ったチャムロン氏である。彼は、宗教的な活動ばかりでなく、人道的な活動も行っている。その具体例が人工透析センターである。チャムロン氏は、かねてから、日本のある大きな医療団体の指導者と懇意であった。二〇〇四年末にタイの南部を襲ったインド洋大津波の直後に、その医療団体から十数台の人工透析装置の寄贈を受け、バンコックで人工透析センターを開館した。その後、同医療団体から更に百台もの人工透析装置の寄贈を受け、またチャムロン氏が各方面から寄付を募った資金で建物を建設して、バンコック最大の人工透析センターが出来上がった。

このセンターには、日本政府が支援をしている訳ではないが、日本の医療団体からの寄贈が大きく貢献しているので、私も開所式に招かれた。私は、開所式でスピーチをした後、日本から来られたその医療団体指導者の夫人とともに施設内を見せてもらった。寄贈された装置が効率的に利用されていることが良く判った。人工透析を受けるには、どうしてもかなりの費用が必要になるが、このセンターでは、料金を必要最小限に抑えて、できるだけ貧しい人も受けられるようにしているとのことだった。一見して、老若男女、様々な社会階層の人が透析を受けており、欧米人らしい人も見受けられた。

チャムロン氏は、この装置を寄贈してくれた医療団体の指導者をだけでなく、日本全体に対して深く感謝していると言っていた。私がこのセンターを始めたきっかけを尋ねたところ、チャムロン氏は、「その医療団体の指導者に勧められたためです。私は、『自分は、軍人として人を殺すやり方を学んで来た人間であり、人を生かすことは、慣れていません。』と断ったが、その方が熱心に勧めてくれたので、その熱意に動かされて、こうした活動を始めることになりました。今では、こうした事業に生きがいを感じています。」と答えた。

ユニークな朝食会

人工透析センターに招待されて以降、私は、いよいよチャムロン氏への興味を深めて、より深く知り合いたいと思った。幸い、私と大学の同級生であるタイ人元日本留学生のPさんがアレンジしてくれて、私の大使公邸でチャムロン氏夫妻を招待しての食事会をすることができた。大使公邸での食事会は、通常は昼食会か夕食会である。しかし、この時だけは朝食会であった。というのは、チャムロン氏は朝一回だけしか食事をしないからである。これは、タイの一般の仏教の僧侶より厳しい制限のようだ。タイの僧侶は、正午から次の日の日の出までは、水以外のものを飲食してはいけないことになっているが、食事は朝一回だけとは決まっていないようだ。

大使公邸での朝食会は、朝九時から行われた。私の公邸料理人は、夜の明ける前から起きて準備したようである。チャムロン氏夫妻は、完全な菜食主義である。この点も料理人を悩ませたが、何とか菜食主義の和食メニューを作ってくれた。他方、チャムロン氏の朝食の量は多い。三回で食べるのと同じくらいの量を、朝食一回で食べてしまう。その代わり、ゆっくり時間をかけて食べるのである。チャムロン氏は「一九九二年のスチンダ将軍との対決の時には、この習慣が役に立ちました。一日一回の食事で一日中戦っていられたのですから。」と語っていた。

迷い犬収容所見学

その朝食会の席では、チャムロン氏がカンチャナブリ県で運営している指導者学校のことが主な話題の一つとなった。チャムロン氏が我々夫婦をその学校に招待してくれたので、喜んでお受けした。訪問したのは、二〇〇七年一二月のクリスマスイブの日だった。一二月二三日の総選挙の翌日である。

私達夫婦は、車でカンチャナブリ市を目指した。バンコックから車で約二時間半のところにある同市には、クワイ川マーチで有名な映画、「戦場にかける橋」の鉄橋がある。今でも世界各国から多数

チャムロン氏（右から３人目）の迷い犬収容所。

の人々が訪れている。私たちは、その町を通過して約三〇分のところにある指導者学校に到着した。Pさんが、学校の敷地の入り口で出迎えてくれた。

指導者学校ではチャムロン氏夫妻に迎えられ、指導者学校のゲストハウスに案内された。木造の平屋で、簡素ながら清潔な宿泊設備が備わっており、エアコンはないが、少し高い場所にあるので、暑すぎることはないとのことであった。

そこから先ず、チャムロン氏が運営する「迷い犬収容所」に案内された。そこには、約五〇〇〇匹もの飼い主のいない犬が収容されている。そうした目的の施設としては世界一の規模だそうである。ここに収容されている犬は、誰も面倒を見る人がいなくなったために、ここに連れてこられたものだ。日本では、このような場合には、殆ど「処分」されてしまうが、ここではちゃんと保護されている。四畳半位の大きさの金網の囲いが沢山あって、それぞれの中に犬小屋があり、五匹前後の犬が飼われている。私が、「囲いをなくして、犬が広い場所で自由に動けるようにできないのですか。」と聞いてみると、囲いがないと、犬同士が喧嘩して収拾がつかなくなってしまうとのことであった。

バンコックの街には、沢山の野良犬がうろついているが、大部分がやせ細って、毛並みも悪い。しかし、ここで飼われている犬は、殆どが太っていて、毛並みが良い。そのわけは、きちんと毎日二回餌をあげているからだとのことであった。その費用はどうやって手当てしているのかと聞くと、全て寄付金で賄っているとのことであった。犬の面倒を見ているのも、全員がボランティアの人達だとのこと。

迷い犬の収容所の出口あたりに、豚小屋があって、大きな豚が一匹ごろんと横になっていた。私が「ここでは豚も飼うのですか。」とPさんに尋ねたところ、「あの豚の足先を見てください。普通の豚の蹄は四本ですが、この豚の蹄は五本あるので、人間の生まれ変わりと考えられています。ですから、殺すわけにいかないので、この施設で引き受けて、こうして飼っているのです。」との答えであった。このように生き物の命を大切にするタイ人の心の優しさに、私達の心も温まった。

夕食には、チャムロン氏の夫人の手作りの料理を、星空の下でご馳走になった。全て無農薬・有機肥料で作られた野菜の料理で、ことのほかおいしかった。チャムロン氏もこの日ばかりは例外として、私達に付き合って夕食をとった。

指導者訓練コース

次の朝は五時に起床して、六時から山登りに出かけた。これは、この指導者学校に参加する人達が全て行う日課だそうである。この指導者学校は、タイ政府が支援して出来た施設で、タイ全国から様々な分野の将来有望な青年が集まってくる。訓練期間は、三泊四日か四泊五日である。

私達が登った山の高さは三〇〇メートルほどで、傾斜がかなりきついが、七三才のチャムロン氏は、軽々とした身のこなしで登って行く。私たち夫婦は、引き離されないように追いかけるのに苦労した。山の中腹に鍾乳洞があり、一行はその中に入った。これも、全ての訓練参加者がすることだそうだ。内部は真っ暗で、チャムロン氏が持っている懐中電灯だけが頼りである。入り口から二〇〇メートルほどの所まで入ることができた。行き止まりの直前が急な坂になっていて、ロープにつかまりながら登らなければならなかったが、私は、足もとの岩が濡れていたために滑って転び、もう少しで泥だらけになるところだった。チャムロン氏は、慣れた様子で、少し高い岩の上に登り、「ここで訓練生に大事な話をするのです。」と言った。鍾乳洞内の神秘的な雰囲気の中で話すと、聞く人へのインパクトが格段に大きくなるのだそうだ。

山を下りてから有機農園に行った。ここでも、全ての訓練参加者が毎朝作業するとのことである。農業をしたことがない参加者も多く、また全てを手作業でするので、最初はいやいやながらやる人が多いが、そのうちに楽しくなって、二日目以降は殆どの人が嬉々として作業するようになるとのことである。自然の中で体を使って作業することが日頃のストレス解消に役立つようだ。

その後、朝食になった。起きてから何も食べずにかなりの運動をしたので、私達も食欲旺盛になり、有機野菜の朝食を美味しく頂いた。暫くしてその日の講義が始まった。その日は新しいコースの第一日目で、参加者は、タイ全国から選ばれた約三〇〇人の優秀な若手警察官だった。毎年開催されるこのコースに参加した警察官は、その後偉くなる人が多いそうだ。

汚職と無縁の警察長官が就任

その日の講師は、セリピスート警察長官だった。彼は、汚職に全く染まっていない警察官僚として定評があり、またの犯罪組織（マフィア）の取り締まりにも多くの成果を挙げてきた。この結果、タイ警察の中に彼のファン・クラブとも言える「セリ友の会」が出来ている程である。彼は、かねてからタイ警察のトップである警察長官に昇進するものと一般に予想されていた。しかしタクシン首相は、二〇〇四年、同氏が警察長官になる直前に、彼を警察組織の外の閑職に移してしまった。タクシン氏を批判する人々によると、その理由は、セリピスート氏が同首相の関連が噂される汚職事件についても、手心を加えずに捜査を進めていたため、とのことである。そして、同首相は、自身が信頼していたコウィット氏を警察長官に任じた。

コウィット警察長官は、二〇〇六年九月のクーデターの際の立場はあいまいであったが、ともかくもクーデター後にクーデター指導者が作った「民主改革評議会」の主要メンバーとなった。しかし二〇〇七年二月、スラユット首相はコウィット警察長官を更迭して、その後任にセリピスート氏を任命した。コウィット氏は、かねてからスラユット内閣に対する忠誠に疑問がもたれており、また二〇〇六年大晦日の連続爆破事件の捜査が進んでいないことについて、警察長官としての同氏の責任を問う声が高まっていた。更にソンティ陸軍司令官を初めとするクーデター指導者達は、それまで遅々として進んでいなかったタクシン氏の汚職疑惑事件の捜査をセリピスート氏が進めてくれることを期待したものと思われる。

セリピスート氏の警察長官就任を私も歓迎した。二〇〇六年大晦日のバンコックでの連続爆破事件以来、多くの在留邦人がタイの治安情勢に不安を持つようになっていた。有能さと廉潔さで定評のあるセリピスート氏が警察のトップになれば、タイの治安の回復に期待が持てる。そこで、私は同長官就任後、直ちに表敬訪問するとともに、大使公邸での夕食会にも招待した。セリピスート氏は、夫妻で公邸にやってきてくれ、私達夫婦と歓談した。彼の妹が日本人男性と結婚して大阪に住んでいることも判った。

セリピスート警察長官は、「タイにいる日本人の安全確保のために、出来ることは何でもします。特に、日本企業が犯罪組織に悩まされるようなことがあれば、是非教えていただきたい。私は、何度

チャムロン氏とタクシン氏。指導者学校に掲げられていたもの。

かそうした犯罪組織を摘発した経験があります。」と申し出てくれた。私は、それならバンコック日本人商工会議所の方々に直接話をしてくれませんかと依頼し、同長官は快諾してくれた。その後、その年の六月にセリピスート長官が日本人商工会議所の会合で講演をしてくれた。

ヘリコプターでバンコックへ

指導者学校の話に戻ると、その日の朝、セリピスート長官は、警察のヘリコプターで指導者学校にやってきた。そこに私達夫婦がいるのを見て少し驚いたようだった。一時間半程の講演の後、私達は同長官とともに指導者学校の食堂で昼食をとった。食事の途中で私は、その食堂の壁に一枚の写真があるのに気が付いた。それはチャムロン氏とタクシン氏が指導者学校で大勢の人に囲まれて写っている記念写真だった。この指導者学校に対しては、三年くらい前まではタクシン氏も協力してきたのである。それが今では両者は厳しい対立関係に立つことになってしまった。

昼食中に私達は、セリピスート長官からヘリコプターで一緒にバンコックに帰るように勧められ、これを受けることにした。車で帰るのは、二時間半もかかるので、有難いオファーであった。チャムロン氏夫妻とPさんに深くお礼を言った後、ヘリコプターに乗り込んだ。カンチャナブリは、広大なタイの中央平原の西端で、ミャンマーとの国境の山地が始まる所にあり、上空からの風景はすばらしかった。ヘリコプターは、三〇分でバンコックの警察本部の屋上に到着した。

後日談であるが、翌二〇〇八年の一月に親タクシン派のサマック政権が誕生すると間もなく、セリピスート氏は更迭された。更迭の表向きの理由は幾つかあって、一つは彼が仕事で失敗した部下を「野牛」と呼んだこと、そしてもう一つは、彼がカンチャナブリに私的な農場を持っていて、そこへ行くのに警察のヘリコプターを使ったことが挙げられた。しかし私達が乗ったケースは、明らかに公務のための使用であって、私的な目的のための使用ではなかったと思っている。

14. サマック政権の末路

PADの活動の過激化

前に述べた通り、私達がカンチャナブリの指導者学校を訪問したのは、二〇〇七年一二月二三日の総選挙の翌日だった。まだ選挙の結果は殆ど判っていなかった。次の日に私達がバンコックに帰ってくると、総選挙の結果がほぼ判明していた。前述の通り、親タクシン派の国民の力党が過半数近くをとって、第一党になった。その後同党が中心となって、民主党以外の全政党が参加する連立与党が成立し、サマック内閣が生まれた。親タクシン勢力の政権復帰である。

私達がカンチャナブリから帰ってきて、二週間程経った後、Pさんに会った。彼女は「選挙の結果を聞いた時に、私は、ガッカリして泣き出してしまいました。チャムロンさん達が努力してきたことが全てダメになってしまったからです。でもチャムロンさんは言いました。『これでも、私達が何もやらなかったより良かったのです』と。それでも私は悲しいです。」

しかし、チャムロン氏の国民の力党政権に対する姿勢は、その後顕著に変わっていった。チャムロン氏らが興した反タクシン活動団体である民主化市民連合（ＰＡＤ）は、クーデター後に解散していたが、二〇〇八年三月末にタマサート大学で会合を開き、活動を再開することを決定した。そして五月二五日、チャムロン氏等の指揮の下に、ＰＡＤはバンコック中心部の戦勝記念塔から首相官邸に向かって、憲法改正反対等を叫びながら行進した。ＰＡＤのデモ隊は、警察部隊により首相官邸への接近を阻止されたが、途中のマッカワン・ランサン橋の近くに拠点を作り、そこで以後三ヶ月以上居座って、憲法改正反対やサマック政権退陣を要求する集会を続けた。

六月二〇日には、ＰＡＤのデモ隊が警察のバリケードを突破して首相官邸の周囲の道路まで侵入したが、警察とＰＡＤ側との話し合いで、双方の衝突は避けられた。しかしその後、ＰＡＤのデモ隊は首相官邸を完全に包囲するようになり、八月の末には、ついに首相官邸の敷地内に入り込み、建物にも侵入し占拠するに至った。タイ政府は、以前の首都の国際空港であるドン・ムアン空港の建物に首相府の機能を移さざるを得なくなった。

サマック首相は、こうしたＰＡＤの動きに対し警察力によって対応に努めながら、タイ国軍の出動を要請した。しかし、陸軍司令官のアヌポン将軍は、「軍は中立の立場を維持する。」と公言して、軍を動かそうとしなかった。一国の首相からの出動の「要請」を受けて、軍のトップが「中立」を理由にこれを断るというのは、我々日本人から見れば、理解が困難な事態である。軍は、政府の指揮の下にないということになる。そして、タイではそれが当然のこととして受け入れられているようだ。それは、従来からタイの憲法上の原則とされる「国王はタイ国軍の総帥の地位にある」（二〇〇七年憲法第一〇条）こと反映するものであろう。

なお、二〇〇七年憲法起草の過程において、タイでクーデターが起きないようにする必要があるとの議論はなされていた。しかし、不思議なことに軍に対するシビリアン・コントロールを強めるべきであるとの議論は、どこからも出てこなかった。これも同じ憲法上の理由によるものであろう。

参議院議長のタイ訪問と国王陛下との会見

二〇〇八年六月二八日から四日間、江田五月参議院議長一行がタイを訪問した。これはタイ上院からの公式な招待に応じたものである。タイ側は、他ならぬ日本から「三権（立法、司法、行政）の長」のうちの一人が正式にタイを訪問するということで、大歓迎してくれた。上下両院議長及びソムチャイ副首相（サマック首相はバンコックに不在）との会談、そしてプラソプスック上院議長主催午餐会だけでなく、プーミポン国王陛下拝謁も予定された、まさに国賓並みの日程であった。

国王陛下は、既にバンコックからホア・ヒンのクライ・カンウォン離宮に戻っておられた。前年一〇月のご入院後、経過が順調であったため、最高度の医療施設があるバンコックに止まっておられる必要がなくなったものと推測される。江田参議院議長一行に私もお伴して、車列でホア・ヒンに向かった。

国王陛下への拝謁は、私が信任状を奉呈したのと同じ応接室で行われた。江田議長から、今回のタイ訪問の目的等について申し上げ、国王陛下から歓迎のお言葉があった。国王陛下のお声は、二年半前の信任状奉呈の時に比べても、更に小さくなっていたが、タイ外務省日本課長のS氏は、このお声を聞き取って通訳していた。彼の耳の良さは超人的である。

拝謁の後、記念撮影が行われ、最後に国王陛下と江田議長以下日本側出席者が握手をした。私も最後に握手をしていただいたが、その時点では既に私が九月に帰国することが決まっていたので、国王陛下にお目にかかるのは、これが最後になると思うと、つい気持が高ぶり、思わず自分の手に力が入ってしまった。心なしか国王陛下も強く握り返していただいたようだった。国王陛下は、最初にお目にかかったときのあのほのかな微笑をたたえておられた。

日本側一同が退出した後も、同席したプラソプスック上院議長等タイ側の出席者は国王陛下の応接室に止まっていた。暫くして退出してきた上院議長に、私は「国王陛下から何か内政についてのご指示でもあったのですか。」と尋ねてみた。勿論これは冗談である。上院議長は「そうではありません。国王陛下は、私達に対し、日本の参議院議長を連れてきてくれてありがとうとおっしゃったのです。日本は、タイにとってとても大事な国だ。その国の参議院議長を招待したことは、大変良いことだったとお褒めをいただきました。」と答えた。

サマック首相訪日計画

さて話はまた前に戻るが、サマック氏は、首相に就任して初めての記者会見で、自分の最初の外遊先は日本にしたいとの意向を表明した。私は、こうした新首相の姿勢は歓迎すべきものと思った。しかし同時に、前任のスラユット首相を初めとして歴代のタイの首相は、先ずＡＳＥＡＮ諸国を訪問した後に、ＡＳＥＡＮ以外の国を訪問するという慣例を守って来たのを知っており、サマック首相がその慣例を破る可能性は余りないのではないかと思った。また、多分こうした発言は、サマック首相が余りしゃべりすぎるので、基本的な点についてすら、首相の部下が説明することが出来ないという事情を示しているのだろうと解釈した。

私の想像は当たっていた。やはりサマック首相は、ＡＳＥＡＮ諸国から外国訪問を始めた。また六月の末から七月初めにかけて中国を訪問した。日本への訪問については、双方の日程の都合が折り合わず、なかなか日程が決まらなかったが、結局九月二日から四日まで訪日ということになった。

大使公邸での夕食会

サマック首相が訪日する前に、私の大使公邸で、説明も兼ねた夕食会をオファーした。その食事は八月二〇日の夜に行われることになった。その日のディナーのメニューには特別の注意が必要だった。というのは、サマック氏は、有名な料理の愛好家である。単に料理を食べるのが好きというだけではない。自分で料理することについても専門家なのである。国内や外国を旅行する場合には、必ず現地の食料品のマーケットに行って、現地の食べ物の材料を自分の目で見るほどである。

サマック氏は、以前からテレビの料理番組を二つ持っていて、自分自身が出演して料理の腕前を披露しており、首相就任後もこの番組出演を続けていた。しかし野党側から、こうした行為は、二〇〇七年憲法の「国務大臣は民間企業におけるいずれの地位にも就任してはならない」という規定に反するとして、憲法裁判所に訴訟が提訴された。そのため、私の公邸に来る少し前に、料理番組から降りていた。

私の公邸の食事にお客さんを招く前には、お客さんが食べられないものがないかを必ず事前に尋ねることにしている。サマック首相の答えは、刺身、寿司などの生魚がダメということだった。現在の多くのタイ人は、刺身や寿司が大好きである。私の公邸でビュッフェ・ディナーをすると、通常、最初に刺身と寿司がなくなってしまう。それなのに超グルメのサマック氏が生魚を食べられないというのは、意外であった。食事の席で本人に理由を聞いてみたところ、同氏は、タイの普通の人と同様、昔から生魚を食べる習慣がなかったので、今になって食べる気にならないということだった。

さて食事の様子だが、私は、約一年前にサマック氏を公邸に招待した時の経験を踏まえて、ある戦略を考えた。それは、食卓に着いたすぐ後に私がスピーチをして、自分の言うべきことを全部言ってしまうということである。これは、普通の場合にはやらない。宴席の雰囲気がフォーマルで堅苦しいものになるからである。しかしサマック首相を招いた場合には、これをやらざるを得ないと考えたわけである。

スピーチで私は、サマック首相が訪日を計画していること歓迎するとともに、現在の日本とタイの関係が双方にとって如何に重要かを、貿易・投資・観光などの面の実績に触れながら強調し、併せて日本側からタイ側に対する幾つかの具体的な要望についても触れた。サマック首相は、私のフォーマルなテーブル・スピーチに多少驚いたようだったが、そこは練達の政治家で、私のスピーチが終わった後に立ち上がって、きちっとした応答をした。

しかし、その食事の大部分の時間は、料理の話に費やされた。サマック首相は、その数週間前に料理番組から降りていて、フラストレーションが溜まっていたようだった。様々なタイ料理や中国料理の作り方を微に入り細に入り説明した。どう見ても彼の情熱の対象は、タイの政治よりも料理のようだった。そして、このことがこの会食の約三週間後に彼の命取りとなるわけである。

サマック首相訪日取り止めと日本の政局

私の公邸での夕食会の後、サマック首相を取り巻く情勢は、厳しさを増していった。前に述べたように、ＰＡＤのデモ隊がサマック首相の辞任を要求しながら、首相官邸の周囲の広場ばかりか、建物の中にも乱入し、占拠してしまったのである。こうした事態となって、これまであくまで予定通り訪日するとしてきたサマック首相も、直前になってついに訪日中止を表明せざる得なくなった。私も、大変残念であり、準備に当たって頂いた日本側の関係の方々に申し訳ないとは思ったが、どうしようもなかった。

なお、サマック氏の訪日が予定されていた九月二日から四日という時期は、日本の政局においても大きな波乱の時期に当たっていた。というのは九月一日の夜に福田総理が臨時記者会見を開いて辞任の意向を表明したのである。サマック首相の日本での日程としては、九月二日の夕方に福田総理との会談、引き続いて総理官邸での夕食会が予定されていた。もし予定通りサマック首相が訪日していたら、福田総理の九月一日夜の辞任発表は行われていただろうか。もしその時に辞任発表が行われていたとすれば、日タイ首脳会談や夕食会はどうなっていただろうか。考えても何の役にも立たないが、興味深いことではある。

非常事態宣言

訪日を諦めたサマック首相は、ＰＡＤのデモ隊の退陣要求には断固として応じないとの姿勢をとりながらも、首相官邸を占拠するデモ隊を排除する手段を持たなかった。こうした中で、九月二日の午前一時頃に反独裁民主戦線（ＵＤＤ）と名乗る親タクシン派のグループが、首相官邸近くの道路にいたＰＡＤのメンバーに殴り込みをかけ、ＵＤＤ側の人が一名死亡し、双方で合計四〇人が負傷するという事件が発生した。この事件については、攻撃を仕掛けたＵＤＤ側の人達は、酒を飲んで酔っ払った状態でＰＡＤの人々に襲いかかったという情報もある。誰かが騒ぎを起こすことを目的に、浮浪者など酔っ払わせた上で、殴りこみをかけさせたのではないかとの疑いが懐かれた。死亡したのが、殴りこみをかけたＵＤＤ側の人であったことも、この疑いを一層濃いものにした。

その日の朝七時にサマック首相はバンコックに非常事態宣言を発令した。これは、そこに住んでいる我々からすると、不可解な宣言であった。確かに首相官邸とその近くはデモ隊による混乱が生じているが、それはバンコックのほんの一部であって、首都の大部分の地域は普段どおり平常に機能している。人々が不安感を持っていて余り町に出てこないので、市内の交通は平常よりスムースなくらいである。とても非常事態宣言を必要とするような情勢には見えなかった。

非常事態宣言の下で、五人以上の集会が禁止されたが、数万人に及ぶＰＡＤのデモ隊はそのまま集会を続けていた。また、一般の人もこの集会禁止令を気にも留めていない様子であった。更に、警察側の動きにも特に目立った変化はなかった。そして、軍も全く動こうとしなかった。

この一連の動きから判断して、この非常事態宣言は、サマック首相がＰＡＤのデモ隊鎮圧のためにタイ国軍を引き込もうとして行った窮余の一策であったように思えた。そして、それは失敗した。軍は、動かなかった。サマック首相は、国防大臣も兼ねているのだが、それでもなお、各軍の司令官を動かすことは出来なかったわけである。

なお、後日談になるが、二〇〇八年末に民主党のアピシット政権が出来た後、二〇〇九年二月後半に親タクシン派が首相官邸に向けてデモをかけようとした際には、タイの陸軍が治安維持のために出動している。軍の忠誠心がどちらを向いているかを示唆する出来事である。

話を元に戻すと、九月二日に非常事態宣言が出てしまった以上、日本大使館としてもタイの在留邦人や日本人旅行者に対して、そのような宣言が出ていることを注意喚起せざるを得なかった。また、この非常事態宣言は、各種の報道機関によって、世界各地で報じられた。日本では、この宣言が旅行業界に大きな衝撃を与えたようであった。その頃までに入っていた、年末年始のバンコックのホテル予約がかなり大量に取り消されたとのことである。タイの観光産業は、大きな打撃を受けてしまった。

サマック首相のテレビ料理番組出演問題

こうして、ＰＡＤのデモへのサマック首相の対応は、効果をあげないどころか、経済的にもかなりの悪影響を及ぼすことになった。この混乱の中で、九月九日にサマック首相のテレビ料理番組出演問題に関する憲法裁判所の判決が出された。憲法裁判所の判断は、同首相が首相就任後もテレビの料理番組に出演していたのは、首相職と民間企業のポストを兼職することを禁止する二〇〇七年憲法第二六七条の規定に反するため、サマック氏は閣僚の資格を失うというものであった。このため、サマック氏が首相の職を失ったばかりか、サマック内閣も崩壊することになった。

首相になっても二つも料理番組を続けていたサマック首相も変わっているが、それを理由に首相が失職するという事態も驚きに値する。私の率直な感じとしては、この判決については、憲法二六七条の文言に照らして考えると首を傾げざるを得ない。同条は、先ず「閣僚は営利企業（憲法の文言に即して言えば「株式会社、会社、収益を追求または収益の分配を目指す事業を営む機関」）におけるいずれの地位にも就任してはならない。」としている。あるテレビ番組に出演しているだけで、その番組を放送している企業で何らかの地位に就任していることにはならないであろう。そう主張するのであれば、サマック首相と放送会社との間の何らかの契約関係などの存在を立証しなければならない。しかし憲法裁判所の判決は、その様な立証に言及していない。

また、同条は、首相は「いずれかの個人の被雇用者になることも出来ない。」としている。憲法裁判所の判決では、ここで言う「被雇用者」は、民法・商法・労働法などの「被雇用者」より広く解するべきであって、首相がテレビ番組に出演する場合も「被雇用者」に当たると判断している。そのように広く解することの是非はさておくとしても、そもそもこの規程は、その前の部分と併せて読むと、仮に「営利企業」に何らかのポストを持っていなくても、ある「個人」の被雇用者になってもいけないという趣旨であろう。あるテレビ番組への出演が、その番組を放送、あるいは作成している「企業」と出演者との間の何らかの契約関係に基づくことは考えられるが、何らかの「個人」との雇用等の契約関係に基づくとは通常考えられない。勿論この場合、番組を作成しているのが企業ではなく一人の個人で、サマック氏がその個人と契約関係にあったのであれば、この規定が問題となり得る。しかし憲法裁判所の判決はその様な個人との契約関係に言及していない。

要するに、この憲法裁判所の判決は、少なくとも私から見れば、かなり無理をしてサマック氏の首相失格を結論づけているように見える。しかも、タイミング的に見て、サマック首相のデモに対する対応も一つの原因となって（決してそれだけが原因ではないが）タイの内政が行き詰まってしまった時点で、このようなサマック首相失職との判決が出されたのには、かなり人為的なものを感じる。

こうした点を理解するためには、タイの司法府の性格を考えておく必要であろう。

タイの司法界の独立性と王室への忠誠

伝統的にタイの司法界は、行政府からの影響を殆ど受けないという意味で、独立性が強いと言える。日本においては、最高裁判所の長官は、内閣が指名し天皇陛下が任命されることになっており、またその他の最高裁判所の裁判官は、内閣が任命することになっている。しかしタイの場合には、憲法裁判所、司法裁判所、行政裁判所の各裁判官の人選は、各裁判所の人事委員会で人選が行われ、国王陛下により任命されることになっている。この人事委員会は、大部分が「司法官公務員」、即ち司法界の内部の者により構成される。司法官公務員以外で裁判官の人選に関与するのは、法学及び行政学の学者、上院が選出する有資格者、そして行政裁判所裁判官の場合のみ内閣が選出する有資格者（一名）

で、これらを合計しても司法公務員でない者が人事委員会全体の中に占める比率は小さい。

なお、検察官の任免については、従来の憲法では、行政府の一部として、内閣が行うことができたが、二〇〇七年憲法では、検察官の任免も行政府からは独立した「検察委員会」の決議と上院の承認によらなければならないことになった。検察も一層独立性を高めたわけである。

タイの裁判官及び司法官は、全てが国王陛下から任命される（憲法第二〇〇条）。また就任に先立って、国王陛下に対して次のような宣誓を行うこととされている（憲法第二〇一条）。「私（宣誓者）は、私が国王に対して忠誠を尽くし、国民の公正と王国の平穏のために、何らの偏見を持つことなく、国王の名において誠実に職務を行い、あらゆる点においてタイ王国憲法及び法律に基づき、国王を元首とする民主主義体制を擁護し、遵守することをここに宣言する。」

以上のことを考えれば、タイの司法界全体が王室に対して強い忠誠心を持っていることは、自然なことと言えよう。

ソムチャイ首相代行の送別ディナー

この頃私は、在タイ大使としての在任期間の最後を迎えていた。九月一〇日が私の離任予定日であった。その前日の九月九日にソムチャイ副首相兼教育相が私達夫婦のためにお別れディナーを催してくれることになっていた。まさにその日の正午頃に憲法裁判所によるサマック首相失職の判決が出されたのである。その結果、サマック内閣の第一副首相たるソムチャイ氏が自動的に首相代行になった。

私は、当然ソムチャイ氏の送別ディナーは取りやめになるだろうと思った。憲法裁判所の判決でサマック氏が首相職を失うことは、ある程度予想できたにしても、その後任をどうするかについて、与党である国民の力党の中で大きく意見が分かれていた。一部には、サマック氏を再度首相に指名しようとの動きもあった。翌一〇日にも国民の力党の中の会議でその点を議論しなければならない。そのためには、ソムチャイ氏としても、色々な根回しが必要であろう。

更に首相代行ともなれば、その他にも様々な案件の引継ぎを受けなければならないだろう。しかもソムチャイ氏は、その日は地方都市のチェンマイに行っていて、夕方に戻ってくることになっていた。外国大使のための送別パーティーなどやっている余裕があるわけはない。私は、ソムチャイ氏側が気を使わないように、秘書を通じて、今晩は先方がお忙しいと思うので、ディナーはご遠慮したい旨伝えておいた。しかし、ソムチャイ氏側からの返事は、送別ディナーは予定通り行いますとのことであった。

その日は、夕方から雨が降り始めたこともあって、ディナーの行われるホテルへの道はひどく渋滞していた。私は、ある程度余裕を持って大使館を出発したが、車が動かなくなってしまったので、仕方なく車から降りて、雨の中をホテルまで一五分ほど歩いた。何とか予定時刻にホテルに到着し、妻と合流して、目的のレストランに着いてみると、既にソムチャイ氏、夫人のヤオワパ女史、令嬢のチンニチャさんなど、先方の一行は到着していた。バンコックの交通渋滞の中では、仮にパトカー先導でも前に進めない。彼らがこの交通渋滞の中をどのようにして予定通りホテルに着いたのか、想像できなかった。

心に残る最後のディナー

ディナーの席上私は、ソムチャイ氏に首相代行就任をお祝いするとともに、このように忙しい中で私達のために時間を割いてくれたことに、心から感謝していることを伝えた。ソムチャイ氏は、「私が教育大臣に就任以来、貴方には色々な面で協力して頂いたので、当然です。」と答えた。また、丁度良い機会だから、貴方から質問があれば、何でも聞いてくださいと付け加えてくれた。

私は、首相官邸を占拠されている状態は色々不便だと思うが、何らかの方法で占拠者を排除することは考えておられるかと質問した。これに対してソムチャイ氏は、首相官邸が占拠されても、別の場所で執務をすれば良いので、特に大きな不便はありません、首相官邸の占拠を強制的に解くことは考えていませんとの返事であった。

また私から、バンコックにおける非常事態宣言は、客観的に見ても必要性がないと思われるし、また日本を初めとする諸外国からの観光客を激減させているので、出来るだけ早く解除して頂きたいと言ったところ、ソムチャイ氏は「私も出来るだけ早く解除したいと考えています。」と答えた。

更に私から、ＰＡＤに対する資金的な支援はどこから出ているかと思われるかと質問したのに対しては、ソムチャイ氏夫人のヤオワパ女史が、「私は家庭の主婦ですが」と断りつつ、タイの富裕者層の中にもＰＡＤに対して資金的支援をしている人もいるなどと発言した。このようにバンコック最後の夜のディナーは、私達の心に深く残るものとなった。

タイとの別れ

ソムチャイ氏一家とのディナーの翌日は、私達夫婦の離任の日だった。出発便は、夜一〇時発である。一日ゆっくり出発の用意ができると思っていたが、大使館で最後の挨拶をしたり、大使室の片付けをしたりしていたら、午後遅くになってしまった。それから大使公邸で、最後の片付けや飛行機で持って帰る荷物の荷造りをしていたら、なんと八時近くになってしまった。大慌てで、大使公邸まで別れの挨拶に来てくれた大使館の幹部や親しい友人に別れを告げて、空港に向け出発した。

空港には、誰も見送りに来ないようにと特に強く頼んでおいた。と言うのは、私が着任した際、夜の一一時近くに空港に到着したが、事前に出迎えは固く断っていたのに、日本人商工会議所の幹部約五〇名が出迎えてくれた。また大使公邸に着くと、全館員夫妻約一〇〇人が出迎えてくれた。私は、そんなに遅い時間に皆を煩わせたことを本当に申し訳なく思った。なぜか私の意向が伝わらなかったのだ。流石に私に直接文句を言う人はいなかったが、間接的には、大使館員、特に館員夫人の間で大使の第一印象が良くなかったという話を聞いた。そのため、私の離任の際には、在留邦人の方々には出発の便名を知らせず、また大使館員には、誰も空港に来ないようにと言っておいたわけである。

従って、私達夫婦の空港での待ち合わせ、そして飛行機への乗り込みは、静かなものであった。飛行機が離陸して、バンコックの街の光が見えなくなってから、ようやく我に返った。これが私の駐タイ国大使としての最後の夜である。明日からは、駐タイ国大使でなくなるばかりか、タイとは無縁の生活に入ることになる。そのことは、全く疑いのない事実なのだが、どうしてもそれが実感できなかった。

つい前日の夜は、遅くまでタイの新首相代行一家と話し込んでいた。そして、それまでの二年一〇ヶ月の間、様々なタイの人々と会い、色々と驚くような出来事を経験し、またこちらからも様々な働きかけをしてきた。何時の間にか、タイの政治上の出来事に一喜一憂するようになり、タイの政治の動きは、私の心の中心を流れる潮流のようなものになっていた。

思えば、着任前にはタイの政治に全く無知だった私が、これだけ「のめり込む」ようになったのは、不思議とも言える。クーデターを初めとする多数の「エキサイティング」なことが私のタイ在任中に起こったためかも知れない。しかし、最大の理由は、私が行き会ったおびただしい数の各界のタイの人達が、その政治的な立場にかかわらず、私を暖かく受け入れてくれたことだろうと思った。私に対して、王族から庶民まで、タイの人達の心の扉は開かれていたと感じる。

日本人に開かれたタイの人々の心。これが我々日本人をタイに惹きつける最大の理由ではなかろうか。このことが無ければ、なぜ人口七千万に満たないこの国に、世界最大の日本人商工会議所や日本人学校があるのか、説明できないだろう。こうしたタイの人々の心情は、日本とタイの一六世紀以来の交流の歴史、日本の皇室とタイの王室の親密な関係、宗教上の共通性、日系企業のタイ経済への貢献、日本政府のタイへの経済協力等の様々な要素の積み重ねの結果だろう。日本大使であった私は、最も多くその恩恵を受けることができたのだ。飛行機のシートで目をつむりながら、私は、外交官としての最後の任務を、満足して終えることができる自分を幸せだと思った。

15．その後のタイ情勢

ソムチャイ政権の成立と崩壊

こうして、奇しくも私のタイ離任は、サマック政権からソムチャイ政権への移行とほぼ重なることになった。私個人としては、信義に厚いソムチャイ新首相がタクシン支持派と反タクシン派に分裂した国内に融和をもたらしてくれるのではないかと期待した。特にソムチャイ氏が裁判官出身であることから、反タクシン的傾向の見られるタイの司法界とソムチャイ氏率いるタイ政府の間で何らかの対話が可能なのではないかと考えた。他方私は、ソムチャイ氏の夫人がタクシン氏の妹であることは、ソムチャイ氏が国内融和を進める上で大きな障害となるだろうとは感じていた。

ソムチャイ政権は、就任当初のバンコックでの世論調査の支持率で七二％の支持を得るなど、多くの国民の期待を集めて発足した。ソムチャイ氏は、首相就任後も反タクシン派との対話路線を堅持し、九月一四日にはバンコックにおける非常事態宣言を解除した。また首相官邸を占拠するＰＡＤとの直接対決を避けるとともに、ＰＡＤとの間に太い対話のチャネルを持つチャワリット元首相を治安担当の副首相に据えた。更にソムチャイ首相は、プレム枢密院議長とも会談して国内和解の可能性を探る姿勢を見せた。これらの結果ＰＡＤのデモも一時鎮静化した。

しかし一〇月の初めにＰＡＤ側は、ＰＡＤの中心的指導者の一人であるチャムロン氏が国家反逆罪で逮捕されたことに対して反発し、一〇月七日にソムチャイ首相の施政方針演説を阻止すべく、国会を包囲した。これに対して警察側が催涙弾を発砲したことなどにより、四〇〇人以上の負傷者が出る事態となった。ソムチャイ首相は、この警察側の行動を「必要だった」として是認したが、アヌポン陸軍司令官初め三軍の司令官はソムチャイ首相に事態の責任を取って辞任するよう呼びかけた。

その後、一〇月末にはＰＡＤとこれに反対するＵＤＤの双方がバンコック市内で街頭行動等を行うなど、緊張が更に高まった。ＰＡＤの行動は更にエスカレートし、一一月二五日にはスワナプーム国際空港を占拠して、空港の機能を完全に停止させてしまった。このため多くの日本人を含む外国人旅行者がタイから出国できなくなったのを初めとして、タイの観光や輸出産業に甚大な被害が発生した。後にタイの中央銀行は、この被害の総額を二九〇〇億バーツ、タイのＧＤＰの約三％と発表している。

ソムチャイ政権がこうした事態に対して非常事態宣言を発出したものの、実際には有効な手を打てないでいる中で、一二月二日、タイの憲法裁判所は、二〇〇七年一二月の総選挙に際する選挙違反を理由に、国民の力党に対して解党を命じ、またソムチャイ首相を初めとする同党幹部に五年間の被選挙権停止を命ずる判決を下した。この結果、ソムチャイ政権は崩壊した。空港占拠を続けていたＰＡ

アピシット民主党党首と。

Dは、勝利を宣言して、空港占拠を解いた。

その後、ソムチャイ内閣後の新政権形成への動きの中で、旧国民の力党内の主要派閥の指導者であったネウィン氏が、タイ貢献党（プア・タイ党）に移籍した主流派と袂を別って、中小政党とともに民主党についた。このため、民主党を中心とする政党連合が下院の過半数を握ることとなり、民主党のアピシット党首が一二月一五日に首相に選出された。アピシット政権は、閣内に異分子を抱えながらも、折からの米国発の国際経済危機に見舞われたタイ経済の建て直し、そしてタイ国内の融和の達成という二大課題に取り組んでいる。

タクシン氏一族の動向

タクシン氏夫妻は、二〇〇八年七月末から、タイの裁判所の許可を得て北京オリンピック視察等の名目で中国に滞在していたが、その後英国に渡り、八月一一日に同地で、タイでは公正な裁判を受けられないなどとして、タイへは戻らないとの意向を表明した。その後英国の内務省は、タクシン氏一家が英国への亡命を申請したことを公表した。

一〇月二一日タイの最高裁判所は、タクシン氏に対し、同氏の首相在任中に夫人のポジャマン女史がバンコック市内の国有地を購入したことが国家汚職撲滅法に違反するとして、禁固二年の実刑判決を下した。次いで一一月の初め、英国政府は、タクシン氏夫妻に対するビザの取り消しを発表した。また報道によれば、英国政府は、同時にタクシン氏が英国内に保有する資産を凍結したとのことである。更にタクシン氏は、タイ及び英国以外で保有していた資産についても、二〇〇八年の国際金融危機の結果、巨額の損失を被ったと報じられている。タクシン氏のタイ国内政治に対する影響力の源泉は、その巨大な資金力と、現在でも農村部に強く残るタクシン氏への支持の二つだったと考えられるが、少なくともその資金力については、かなり減少している可能性がある。

ＰＡＤの過激化について

アピシット政権が誕生するまでの過程を振り返って、私がいかにも残念に思うのはＰＡＤが過激化したことである。二〇〇八年中に二度に亘り親タクシン派政権が崩壊したが、これはＰＡＤが過去四年間にわたって追求してきたことであるとは言え、ＰＡＤの活動によって実現したものではない。少なくとも直接的には、憲法裁判所というタイの司法府の行為によりもたらされたものと言える。仮にＰＡＤが何の活動をしていなくても、サマック・ソムチャイ両内閣は裁判所の判決で倒れていたはずである。

しかも、ＰＡＤの空港占拠は、直接的な経済的損害だけでもタイのＧＤＰの三％にも当たると言われる甚大な損害をもたらした。そればかりでなく、空港占拠の結果、投資先及び観光地としてのタイのイメージが大幅に損なわれた。これによる損害は量り知れないものがある。ＰＡＤは、タクシン氏がタイに甚大な被害を与えたと非難しているが、ＰＡＤの与えた被害もこれに匹敵するものではなかろうか。

なぜＰＡＤがあれほど過激化してしまったかは、正直に言ってよく判らない。一つの可能性として、ＰＡＤがタクシン追い落としについて、司法府と張り合っていたということは考えられる。ＰＡＤは、裁判所が親タクシン勢力を潰す前に、自らの手で潰したいとあせっていたことも考えられないではない。もう一つの可能性として次のようなことも考えられる。ＰＡＤの指導者のうち、ソンティ氏は大きな戦略を、チャムロン氏はその戦略に基づいて現場の戦術を、それぞれ担当していたが、ある時点からチャムロン氏が現場の趨勢に引っ張られて、独走してしまったのかも知れない。

更なる可能性としては、チャムロン氏を含むＰＡＤは、表には出ていないある勢力によって導かれており、その勢力は、何らかの目的のために、如何なる経済面での対価を払っても、タクシン氏の影響力を完全に払拭しようと決意していたことも想定しうる。もし、如何なる対価を払っても追求しようとする目的があるとすれば、それは「国王を元首とする民主主義政体」そのものではなかろうか。

ＰＡＤの過激化の真の理由を知ることは永久に不可能かも知れないが、私は、チャムロン氏の人となりを知って、尊敬していただけに、あのようにＰＡＤの活動が過激化してしまったことは本当に残念だった。ＰＡＤの指導者達が、自分達の行動によってどれ程タイの経済や国際関係などに深刻な被害が生じたかを認識して欲しいと思う。

アピシット政権について

いずれにしても、タイの政治の振り子はまた反対に振れて、反タクシンの立場をとる民主党のアピシット政権が誕生した。上述の通り、アピシット政権の誕生のきっかけとなったソムチャイ政権崩壊の原因は、ＰＡＤの活動ではなく、憲法裁判所の判決だったはずである。しかしＰＡＤの反政府活動がマスコミを通じて余りに世界の注目を集めたため、アピシット政権がＰＡＤと「同じ穴の狢」と見られているきらいがある。アピシット首相は、この点を認識して政権のイメージの改善に努めているようである。

首相就任までの経過はともかく、アピシット氏のような清廉、誠実かつ頭脳明晰な人物が首相になったことは、タイにとって幸いなことだと私は思う。政治家個人の利益追求によって政治がゆがめられるのはタイに限ったことではないが、アピシット氏が政治の頂点に立つことにより、タイの政治がよりクリーンなものとなり、政治家の個人的利益追求により政治が大幅に歪められる傾向が解消することが期待される。アピシット氏の率直で真摯な姿勢は、タイ国内だけでなく、既に訪問した日本、英国等の諸外国でも好感を呼んでいるようである。

アピシット政権は、百年に一度という国際的な経済危機の真っ只中で発足した。輸出に大きく依存してきたタイ経済も甚大な影響を被っており、経済の建て直しが、国内の和解の達成とともに、アピシット政権の最大の課題であることは言うまでもない。このためには、タイにおいても内需拡大が必要となるが、既にアピシット政権は、これまで「ばら撒き」として批判してきたタクシン政権による農民や低所得者に対する優遇策を、内需拡大策として実施している。これは、従来タクシン氏の支持基盤であった東北部や北部の農民、それに都市の低所得者層を、民主党支持に転換させる上でも効果を発揮しうる。いずれにせよ、タクシン政権が先鞭をつけた「ポピュリスト政策」が、国際的経済危機の下で、民主党政権によって定着しつつあるようだ。

但し、民主党政権は、タクシン政権と同じことをするだけでは、そうした政策を継続することは出来ない。タクシン氏の「ポピュリスト政策」の多くは、持続可能性が欠如していた。例えばタクシン政権下で「三〇バーツ医療」制度の実施により、各地方の医療機関で治療を受ける人の数は大幅に増加したが、各県へ配分されている医療関係予算は僅かに増額されただけだったため、医師や看護士などの医療関係者や医療施設への負担が過大なものとなっていると言われる。現在も地方病院の医療従事者が大幅な給与増額と人員増を要求している。アピシット政権は、こうした医療関係者からの要求にこたえるための財源確保を迫られている。この他の「ポピュリスト政策」についても同様なことが当てはまる。厳しい財政事情の中で、民主党政府がそれらのための財源を継続的に確保することは容易なことではないと言えよう。

連立政権の課題

この他にもアピシット政権は、連立与党の維持というタイの歴代の政府が抱えてきた難題に取り組む必要がある。前述の通り、安定的な政権政党を作ることを目指した一九九七年憲法が、タクシン政権という強力すぎる政権を生み出してしまったという反省から、二〇〇七年憲法は、中選挙区制を主体とする、大政党が出現するのが難しい制度に戻った。更に、現在の民主党主導の与党連合政権は、旧愛国党・国民の力党の中のネウィン氏の派閥が「寝返って」民主党についたことによって可能になった政権である。ネウィン氏の発言力は、彼の率いる数十人の議員の数よりはるかに大きなものがある。しかも、ネウィン派は、内務省と運輸省という枢要官庁の大臣と副大臣を抑えており、加えて、下院議長も彼の実父である。

政治家のタイプとして、アピシット氏とネウィン氏は、いわば両極端に近い存在である。アピシット氏は、「道徳の教科書が背広を着ているような」人物であり、他方ネウィン氏は、「清濁併せ呑む」と言ったら聞こえが良いが、「目的のためには手段を選ばない」と評する人さえいる豪腕政治家である。

因みに、二〇〇六年六月のプーミポン国王陛下御即位六〇周年祝賀の宮中晩餐会の席上、私は、偶然ネウィン氏と向かい合って座った。それまでに、ネウィン氏については、タクシン氏に近い実力者であるということは聞いていたが、実際に会ったのは初めてであった。社交的な会話の後、私が「貴方の名前は、ミャンマーのネウィン将軍と同じなのですか。」と尋ねてみた。すると先方は、「その通りです。私の父親は、若い頃ミャンマーのネウィン将軍に憧れて、自分の子供にネウィンと言う名前をつけたのです。」と答えた。父親とは、現在の下院議長のチャイ氏である。父親の理想の人物がミャンマーの独裁者との評価もあったネウィン将軍だったということから、ネウィン氏が父親から受けた政治教育がどんなものだったか想像できるような気がする。いずれにしても、頭脳明晰であっても、政治的経験が十分とは言えないアピシット首相が、海千山千のネウィン氏一派をコントロールして行けるかどうか、今のところ見通しは立てがたい。

あとがき—タクシン旋風の源泉とその行方

本書は、週末等の余暇を使って少しずつ書いていたせいもあって、二〇〇八年末に書き始めてから既に一年以上も経ってしまった。その間にもタイの内政は、目まぐるしく変化しており、これからもタクシン旋風の余波が沈静化してゆくかどうか、予断を許さない。この現象の今後を占うため、本書のまとめとして、その原動力となった諸要素を改めて洗い出した上で（既に述べたところと重複する点もあるが）、各要素が今後どのようなってゆくかを考えてみたい。

タクシン旋風をもたらしたものとして、先ず指摘されるのは、タクシン氏の巨大な経済的資産であろう。彼の生家は、タイ北部で一二を争う富豪であったが、彼自身は、警察官僚の副業として行った事業に次々と失敗し、破産を経験した。しかし一九九〇年代初め以降、携帯電話事業という時代の先端を行くビジネスを手がけて大成功を収め、巨万の富を手にした。二〇〇一年に首相に就任した時点において、既にタイで屈指の金持ちであった。彼の資産は、首相在任中（自分の資産を使って政治をするというより、政治を使って資産を増やす傾向にあったと、反タクシン派は批判している）よりも、クーデターにより首相の座を追われた後に、より大きな意味を持つようになったように思われる。彼が海外にいても、タイ国内の親タクシン派の勢力を維持し、自分の意のままに動かすことが出来たのは、彼の資産に負うところが大きい。

タクシン旋風の源泉の第二はタクシン氏の特異な精神的能力であろう。彼は、判断力、創造性等の知的な能力の面で並外れたものがあるばかりでなく、物事をやり遂げる意思の力の強さにおいても驚異的なものがある。こうした彼の精神的能力は、彼がタイ政界に入ってから僅か七年で首相の地位を獲得することを可能にした。また、これまでに政治的に無視されてきたタイの農民に着目し、彼らを自分の支持者として取り込んだことも、彼の優れた精神的能力の証左と言える。

他方、こうした能力が余りに高すぎることにより、彼が自信過剰となり、また周囲の者が彼とまともにコミュニケーションできなくなる結果をもたらしたことも否定できない。こうしてもたらされたタクシン氏の孤立がシン・コープ社株の売却（ないしはそのやり方）等の重大な政治的判断ミスにつながったと言えよう。

タクシン氏の強力な意思の力の結果として、その強引さが批判の対象となることがある。彼のものごと達成への意欲は、伝統的倫理による束縛に捉われない傾向があると指摘する向きもある。タクシン氏は、前に述べた日本大使公邸の夕食会で、ワインがまわった勢いで、「あの世に行ったらバチが当たるという人がいるが、あの世に行って帰ってきた人はいないのだから、誰も本当のところはわからない。」と言っていた。こうした「倫理的束縛からの自由さ」は、タクシン氏の政治権力把握の上で大きな力となったが、首相在任中から、多数の汚職疑惑を追及される原因ともなった。またこうした傾向は、知的レベルの高いタイの中流階級の間で強い反タクシンの気運を生み出してきた。

タクシン旋風の源泉として三番目に指摘されるのは、従来タイ政治において能動的な役割を果たしてこなかった「地方の農民」の存在であろう。現在でもタイの人口の約半分を占める地方の農民層は、これまでは中央政府の政策によって裨益するところは殆どなく、またタイの政治プロセスの中に入っていなかった。総選挙においては、農民層は票の買い取りの対象となることはあっても、集団として政治的な力を発揮することはなかった。要するに農民層という巨大な「政治的空白」、言いかえれば「政治的フロンティア」が存在したと言える。

前述の通り、これに着目したのがタクシン氏であり、このフロンティアを開発する手段となったのが「三〇バーツ医療政策」「農民債務救済政策」などの、世に言われる「ポピュリスト政策」である。これらの政策により、地方の農民は初めて中央政府の施策からの実感できる利益を受けることになった。このことが地方の農民の間でタクシン氏の人気を大いに高めた。なお、これらの政策は、主として地方の行政機関により実施されたが、中央政府からの財政的バックアップが極めて貧弱な場合が多く、仮にタクシン政権がより長く続いていたら、各種の破綻が露呈していた可能性が高い。しかし、そうした段階に至る以前にタクシン政権が倒されたしまったために、農民の側においては「おいしい記憶」だけが残る結果となった。

以上要するにタクシン旋風は、タクシン氏の巨大な財力、彼の卓越した精神的能力、それに客観情勢としてタイの農民という政治的フロンティアの存在によって出現が可能になったと考えられる。言いかえれば、これらの要素の今後の趨勢がタクシン旋風の余波の消長を大きく左右することになろう。

例えば、一部で報道されている英国政府によるタクシン氏の銀行預金の凍結や、国際金融危機によるタクシン氏の資産の喪失が事実とすれば、これらは、タクシン氏の財力を減少させることにより、中・長期的に見ればタクシン旋風の余波を衰退させる方向で作用するものと思われる。但し、短期的には、タクシン氏の財力の減少は、二つのあり方で、一時的にタクシン旋風の余波を激化させる可能性がある。

その第一は、タクシン氏にとって、タイで凍結されている資金の重要さが相対的に大きくなり、その結果、これを取り戻すために従来以上の努力を払うようになること。第二に、資金的な手段によりタイ国内の人々を動かすことが難しくなる結果、それ以外の手段、例えばこれまで控えていた大衆に対する直接的なアジテーションに訴える可能性が高いこと、である。二〇〇九年四月に予定されていたＡＳＥＡＮプラス三首脳会議は、親タクシン派デモ隊の首脳会議開催ホテルへの侵入により開催不可能となったが、この前後のタクシン氏の動き（ビデオ演説によるアジテーション等）は、こうした可能性が現実化したものといえよう。しかし、こうした動きは、いわば弱みをカバーするための窮余の手段であり、それによって目的を達成することに失敗した場合には、却ってタクシン氏の影響力が減退する可能性があると思われる。

それでは、タクシン氏によって「開拓」された政治的フロンティアであるタイの農民層についてはどうだろうか。二〇〇九年四月の親タクシン派のデモ隊の多くがタイの北部や東北部からやってきた農民（かなりの部分はお金で「動員された」人達であったと言われるが）であったということは、タクシン氏に対する地方での支持が、今でも衰えていないことを示している。

しかし、これまでタクシン氏の「ポピュリスト政策」を批判してきた民主党も、政権に就いた後は、ためらいなく「ポピュリスト政策」の大部分を継承している。民主党政権も、政治的に覚醒した農民層を敵にまわしては政権を維持できないことを十分理解しているためであろう。もし民主党政権が今後当分の間存続して、「ポピュリスト政策」を持続可能な形で続けることが出来れば、この政策の産みの親であるタクシン氏に対する農民の感謝の気持ちも、そう遠くない将来に忘れ去られることもあり得よう。尤も、そのために民主党政権としては、現下の厳しい不況と財政難の中で、そうした政策を経済的及び人的に支えてゆく体制を作ってゆかなくてはならない。

いずれにしても、タクシン旋風は、中小政党の抗争や農民層の疎外といったタイの内政の問題点を浮き上がらせ、またこれへの解決を迫る「カタルシス」（浄化）の効果を発揮してきたことは否定しがたい。今後、タクシン旋風の行方がどうなるにしても、現実主義的で調和を重んじるタイの人々の知恵が、より安定した民主政治を実現することを期待している。

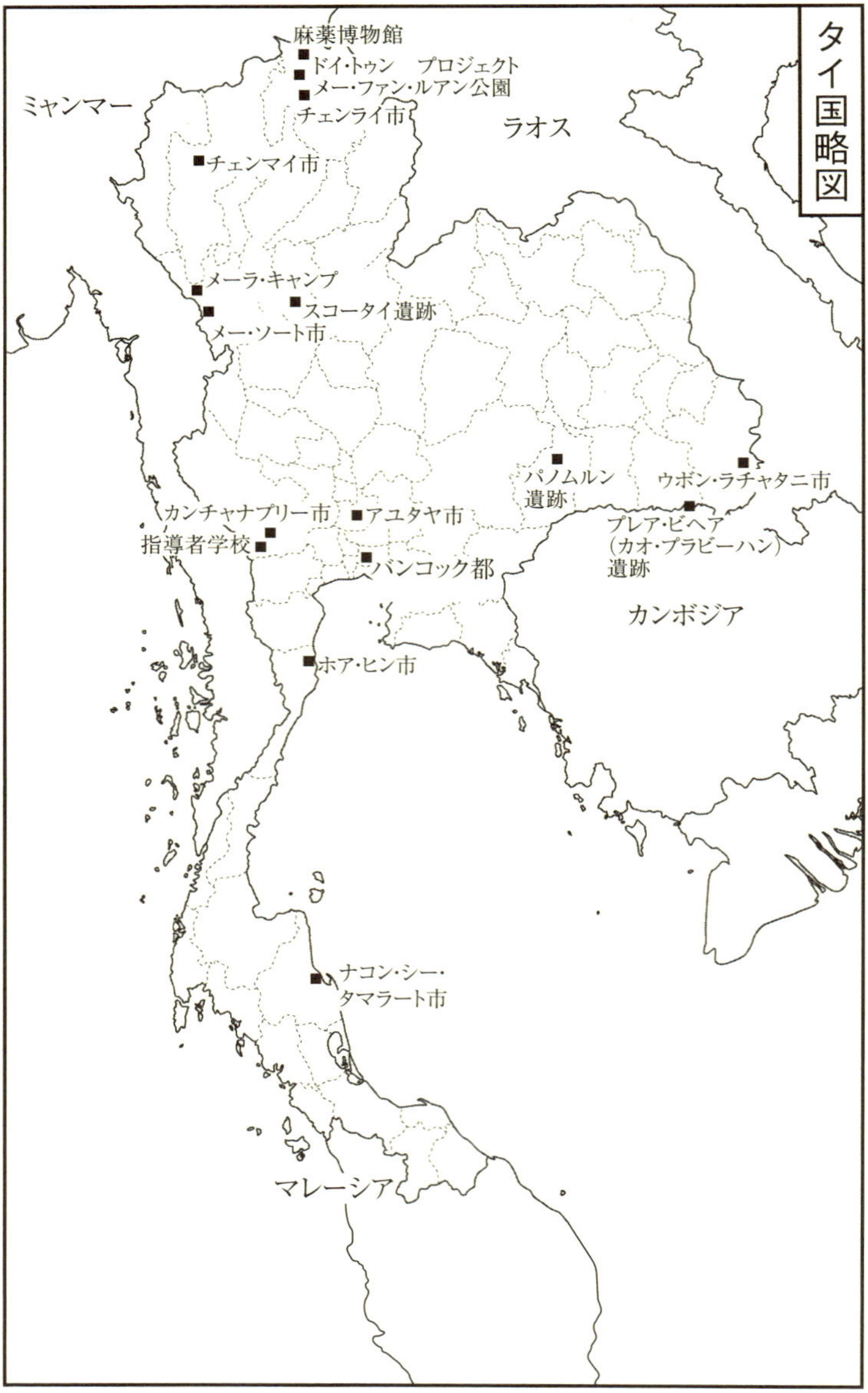
タイ国略図
麻薬博物館
ドイ・トゥン　プロジェクト
メー・ファン・ルアン公園
チェンライ市
ミャンマー
ラオス
チェンマイ市
メーラ・キャンプ
スコータイ遺跡
メー・ソート市
パノムルン
遺跡
ウボン・ラチャタニ市
カンチャナブリー市
アユタヤ市
指導者学校
プレア・ビヘア
（カオ・プラビーハン）
遺跡
バンコック都
カンボジア
ホア・ヒン市
ナコン・シー・
タマラート市
マレーシア

バンコック中心部略図
チャオプラヤー(メナム)川
王宮
王宮前広場
憲法記念塔
首相府
アナンタ・サマーコム宮殿
高速道路
チトラダ宮殿
国会議事堂
セントラル ワールド デパート
戦勝記念塔
ルンピニ公園
日本大使館(現在)
高速道路
日本大使公邸
旧日本大使館
スクンビット通り
タイ文化センター
ペップリ通り
高速道路
N

関連年表

※〔 〕内は著者関連事項

年	月	日	事項
一九九四			タクシン氏が政界入り。
一九九七	八	一五	タクシン氏がチャワリット内閣で副首相就任。
	一〇	一	「一九九七年憲法」が発布される。
二〇〇一	一	六	総選挙実施。タクシン氏が率いるタイ愛国党が下院全五〇〇議席中二四八議席獲得。
	二	九	タクシン氏が首相に就任。
二〇〇二	五		日タイ間で経済連携協定の交渉開始。
二〇〇四	一〇	二五	タイ南部でデモに参加し逮捕されたイスラム教徒八〇人以上がトラックで運ばれているうちに死亡（タク・バイ事件）。
二〇〇五	二	六	総選挙実施。タイ愛国党が三七四議席獲得。
	一一	一一	〔著者がバンコックに着任。〕

二〇〇六	一	二三	タクシン首相の家族名義の「シン・コープ」社株がシンガポールの政府系投資会社「テマセク・ホールディングス」に売却される。
		二七	タクシン首相による第一回メガ・プロジェクト説明会。
	二	初旬	〔著者が各国大使とともにタクシン首相に率いられてメイ・ラ難民キャンプ訪問。〕
		二四	タクシン首相が抜打ちで国会解散。
	三	六	〔著者がプレア・ビヘア（カオ・プラビーハン）遺跡付近の地雷除去プロジェクト開始式典に出席。〕
		九	〔著者がホアヒンの離宮で国王陛下に信任状を奉呈。〕
		一六	〔著者がタイ北部のドイトゥン・プロジェクトを訪問（―一七日）。〕
	四	二	タイ総選挙の投票実施。
		四	タクシン首相が国王陛下拝謁後、次回の国会で首相選出を求めない旨発表。
		下旬	〔著者がタクシン首相をタイ愛国党本部に訪問。〕
		二六	国王陛下が新任裁判官を前にタイ内政について発言。
		下旬	タクシン氏が日本、米国等訪問（―五月上旬）。
	五	中旬	タクシン氏が暫定首相に復帰。
		中旬	〔ワチラロンコーン皇太子殿下夫妻が日本大使公邸をご訪問。〕
	六	上旬	国王陛下の御即位六〇周年祝賀行事（―中旬）。
		一一	天皇皇后両陛下がタイをご訪問（―一五日）。

二〇〇六　六　二二　〔タクシン首相が日本大使公邸を訪問。〕
七　二六　〔ソムサワリー殿下が日本大使公邸をご訪問。〕
八　二四　バンコックのタクシン首相私邸の付近等で爆破未遂事件が連続して発生。
九　一九　ソンティ陸軍司令官等によるクーデター発生。
二八　スワナプーム新国際空港が開港。
一〇　一　スラユット氏が首相就任。
二四　浅野外務副大臣がタイ訪問（―二五日）。
二六　〔チュラポン王女殿下ご夫妻が日本大使公邸をご訪問。〕
一一　一　チェンマイ国際園芸博覧会開会式。
二九　皇太子殿下ご夫妻がチェンマイの国際園芸博覧会の日本庭園等をご視察。
一二　三一　バンコック中心部等で連続爆発事件発生。

二〇〇七　一　日タイ修好一二〇周年記念行事が始まる。
二　タイ国会で日タイ経済連携協定案を審議。
三　一四　秋篠宮殿下がタイをご訪問（―二二日）。
四　二　スラユット首相が日本を訪問（―五日）。
五　三〇　憲法法廷がタイ愛国党の解党と同党指導者一一一名の被選挙権停止を決定。
六　一一　資産調査委員会がタクシン氏一族の資産を凍結。
七　初旬　新憲法草案が確定。

	八	三	〔シリントン王女殿下が日本大使公邸をご訪問。〕
		五	〔チャムロン氏が設立した人工透析センターの開所式に著者が出席。〕
		一九	新憲法草案が国民投票で承認される。
		二四	新憲法が公布・施行される。
	九	四	〔スラユット首相が日本大使公邸を訪問。〕
	一〇	二	日本・タイ両国政府間で日タイ経済連携協定の批准書交換。
		二四	下院の総選挙が始まる。
		下旬	ガラヤニ王女殿下がシリラート病院に入院。
		下旬	国王陛下がシリラート病院に入院。
	一二	二三	下院総選挙の投票が行われる。
		二四	〔チャムロン氏が運営する指導者学校を著者が訪問（―二五日）。〕
二〇〇八	一	二九	サマック氏が首相就任。
	二	二五	タクシン氏がタイに帰国。
	五	八	ノパドン外相が日本を公式訪問（―一〇日）。
		二五	ＰＡＤ（市民民主化同盟）が街頭デモを再開。
	六	下旬	プレア・ビヘア（カオ・プラビーハン）遺跡の世界遺産登録問題につきタイとカンボディア両国政府がパリで合意。
		二〇	ＰＡＤのデモ隊が首相官邸の周辺の道路を占拠。

二〇〇八

六 二八 江田参議院議長一行がタイを訪問（—七月一日）。
七 七 ユネスコの世界遺産登録会議でプレア・ビヘア寺院の世界遺産登録が承認される。
一〇 ノパドン外相が辞任。
下旬 〔著者がウボン・ラチャタニ方面の旅行に参加。〕
八 二〇 〔サマック首相が日本大使公邸を訪問。〕
二六 PADのデモ隊が首相官邸を占拠。
九 二 PADとUDD（反独裁民主戦線）のデモ隊同士が衝突。
二 サマック首相がバンコクに非常事態宣言を発出。
九 憲法裁判所がサマック首相に対しテレビの料理番組に出演したことを理由に閣僚失格の判断を下す。
九 ソムチャイ氏が首相代行に就任。
一〇 〔著者がバンコックを離任。〕
一四 ソムチャイ首相代行がバンコックの非常事態宣言を解除。
一一 二五 PAD支持者数千人がスワンナプーム国際空港を占拠し、空港は閉鎖される。
一二 五 憲法裁判所が国民の力党の解党とソムチャイ首相を含む同党幹部の政治活動禁止を命令。
一五 下院でアピシット氏が首相に選出される。

■小林 秀明（こばやし・ひであき）

1945年長野県生れ。1968年東京大学卒、外務省入省。1984年より南東アジア第二課長、地域政策課長。1988年よりオーストラリア大使館参事官、ポーランド大使館公使を歴任。1993年より領事移住部審議官などを経て、1995年より公正取引委員会官房審議官。1997年より、在米国大使館特命全権公使、国連代表部特命全権大使。2001年外務省儀典長。2002年東宮侍従長。2005年11月より2008年９月まで駐タイ王国特命全権大使。現在、迎賓館館長。著書「ＷＴＯと日米フィルム紛争」（2002年５月）。

クーデターとタイ政治《せいじ》
—日本大使《にほんたいし》の1035日《にち》—

2010年４月５日　印　刷
2010年４月15日　初版発行

著　者　小林 秀明

発 行 者　荒井 秀夫
発 行 所　株式会社ゆまに書房
〒101-0047　東京都千代田区内神田2-7-6
tel. 03-5296-0491　fax. 03-5296-0493
http://www.yumani.co.jp
印刷・製本　新灯印刷株式会社

ISBN978-4-8433-3339-6 C0022